매일 스스로 공부하는

맞춤법 어휘력

5단계
초등 5학년~
예비 중학생

꿈씨앗연구소 지음

BM (주)도서출판 성안당

머리말

독해력의 기본은 어휘력입니다

글을 읽고 뜻을 이해하는 능력을 '독해력'이라고 합니다. 독해력은 모든 학습에 있어 가장 중요한 능력입니다. 독해력을 키우기 위해서는 언어의 기본인 어휘력이 필요합니다. 이 책은 학년별로 알아야 할 필수 어휘들을 학습하고 활용할 수 있도록 구성되어 있어, 국어 실력뿐만 아니라 모든 학습 능력의 향상에 도움이 됩니다.

글쓰기의 기본은 올바른 맞춤법입니다

일기, 독후감과 같은 글쓰기뿐만 아니라 학교의 평가 방식이 주관식이나 서술형으로 바뀌면서 글쓰기가 더욱 중요해지고 있습니다. 내용이 아무리 좋아도 맞춤법과 띄어쓰기가 엉망이면 좋은 점수를 받기 어렵습니다. 좋은 글의 첫걸음은 올바른 맞춤법과 적절한 어휘 사용입니다.

스스로 하는 공부가 가장 효과적입니다

어떻게 하면 가장 효과적으로 공부할 수 있을까요? 그것은 바로 어린이들 스스로 재미있게 공부하는 것입니다. 이 교재는 교과서에서 뽑은 필수 어휘들과 자주 헷갈리는 맞춤법, 띄어쓰기, 국어 문법, 배경 지식 등을 쉽고 재미있게 학습하도록 구성되어 있습니다.

학년별로 교과 과정과 발달 수준에 맞게 각 단계가 구성되어 있지만, 아이의 수준에 맞는 단계부터 차근차근 학습하길 바랍니다.

꿈씨앗연구소

추천의 글

책은 많이 읽는 것보다 제대로 읽어야 합니다

최근 글을 읽고 이해하는 데 어려움을 겪는 아이들이 점점 늘고 있습니다. 글을 읽을 수 있다고 해서 내용까지 완벽하게 이해하는 것은 아닙니다. 아무리 많은 책을 읽더라도 제대로 읽지 않으면 아무 소용이 없습니다. 글을 제대로 읽는다는 것은 글을 글자로만 읽는 것이 아니라 머리로 이해하며 읽는 것을 의미합니다. 이러한 읽기 능력은 바로 어휘력에 따라 결정되므로 다양한 어휘를 익히는 것이 가장 중요합니다. 어휘력은 짧은 시간에 향상할 수 없으므로 초등학교 6년 동안 차근차근 실력을 쌓아야 합니다. 이 책에 있는 고유어, 원리 한자, 신문 어휘, 사자성어 등을 체계적으로 익힌다면 독해력과 어휘력이 향상되리라 기대합니다.

영선초등학교 교사 이현승

중학교 학습 능력을 좌우하는 어휘력

초등학교 때까지 학업 성적이 우수했던 학생도 중학교에서 성적이 떨어지는 경우가 많습니다. 교과목들의 어휘 수준이 높아지고 내용도 어려워져서, 독해력이 부족한 학생들은 어려움을 느낍니다. 독해력은 학업 성취도의 기본이자 핵심입니다. 읽어도 무슨 뜻인지 모른다면 공부하기 싫어지고 결국 학습 능력도 떨어지게 됩니다. 어휘력은 글을 이해하는 가장 중요한 핵심입니다. 얼마나 많은 어휘를 알고 있느냐에 따라 지식이 확장되고 독해력도 결정됩니다. 언어 능력은 단기간에 향상되는 것이 아니므로 매일 조금씩 실력을 쌓아야 합니다. 어려운 낱말은 한자 뜻과 함께 익히면 보다 쉽고 정확하게 이해할 수 있습니다. 또한 모르는 낱말이 있을 때마다 직접 사전에서 찾아보는 습관을 갖는 것이 중요합니다. 이 책이 예비 중학생들의 언어 능력을 키우는 훌륭한 조력자가 되길 바랍니다.

갈산중학교 국어 교사 김혜정

❶ 고유어로 풍부한 표현 익히기

유행하는 신조어를 배우려는 사람은 많지만, 정작 아름다운 우리말인 고유어는 점점 잊히고 있습니다. 이 책은 들은 적은 있지만 정확하게 알지 못했던 다양한 고유어를 배우고 실제로 활용하도록 구성되어 있습니다.

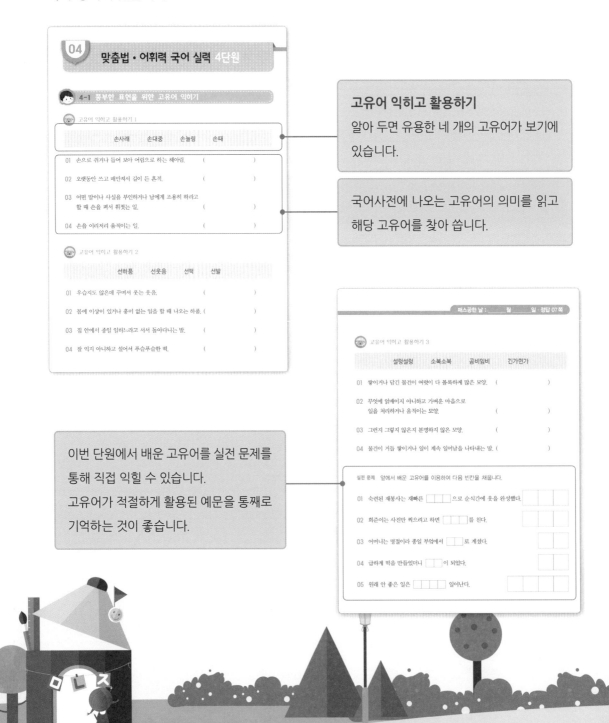

고유어 익히고 활용하기
알아 두면 유용한 네 개의 고유어가 보기에 있습니다.

국어사전에 나오는 고유어의 의미를 읽고 해당 고유어를 찾아 씁니다.

이번 단원에서 배운 고유어를 실전 문제를 통해 직접 익힐 수 있습니다.
고유어가 적절하게 활용된 예문을 통째로 기억하는 것이 좋습니다.

❷ 재미있는 낱말 퀴즈로 어휘력 키우기

학년이 올라갈수록 더 많은 어휘를 알아야 합니다. 비슷한 말과 반대말 선 긋기, 초성 퀴즈를 통해 재미있는 방법으로 어휘력을 확장할 수 있습니다. 아무리 어려운 낱말이라도 자주 접하다 보면 어느새 사용할 수 있게 됩니다.

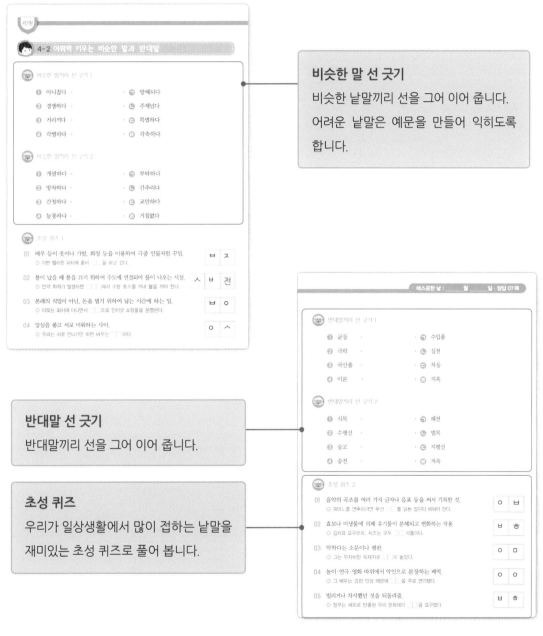

비슷한 말 선 긋기
비슷한 낱말끼리 선을 그어 이어 줍니다.
어려운 낱말은 예문을 만들어 익히도록 합니다.

반대말 선 긋기
반대말끼리 선을 그어 이어 줍니다.

초성 퀴즈
우리가 일상생활에서 많이 접하는 낱말을 재미있는 초성 퀴즈로 풀어 봅니다.

❸ 신문 어휘로 독해력 키우기

신문을 읽으면 어휘뿐만 아니라 지식의 폭도 넓어지므로 자주 신문을 읽도록 합니다. 신문 기사에서 많이 접할 수 있는 낱말들의 뜻과 실전 예문을 익힐 수 있습니다. 또한 신문 어휘의 한자까지 함께 배울 수 있습니다.

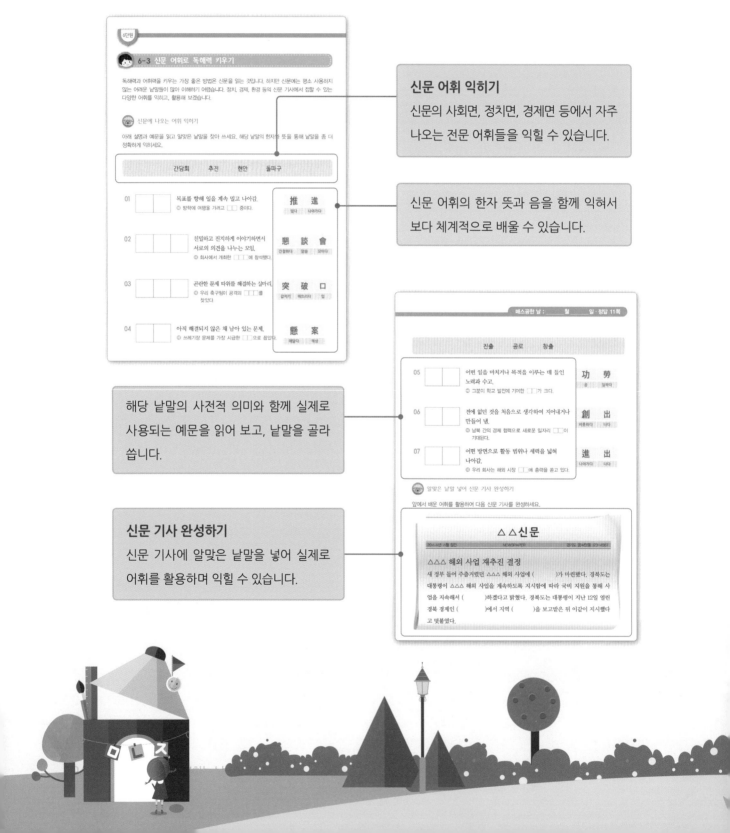

신문 어휘 익히기
신문의 사회면, 정치면, 경제면 등에서 자주 나오는 전문 어휘들을 익힐 수 있습니다.

신문 어휘의 한자 뜻과 음을 함께 익혀서 보다 체계적으로 배울 수 있습니다.

해당 낱말의 사전적 의미와 함께 실제로 사용되는 예문을 읽어 보고, 낱말을 골라 씁니다.

신문 기사 완성하기
신문 기사에 알맞은 낱말을 넣어 실제로 어휘를 활용하며 익힐 수 있습니다.

❹ 쉽게 배우고 오래 기억하는 원리 한자

한자가 만들어진 원리에 기초하여 한자를 익히도록 구성하였습니다. 손으로 무조건 쓰면서 외우는 것보다 훨씬 재미있고 효과적으로 한자를 배울 수 있습니다.

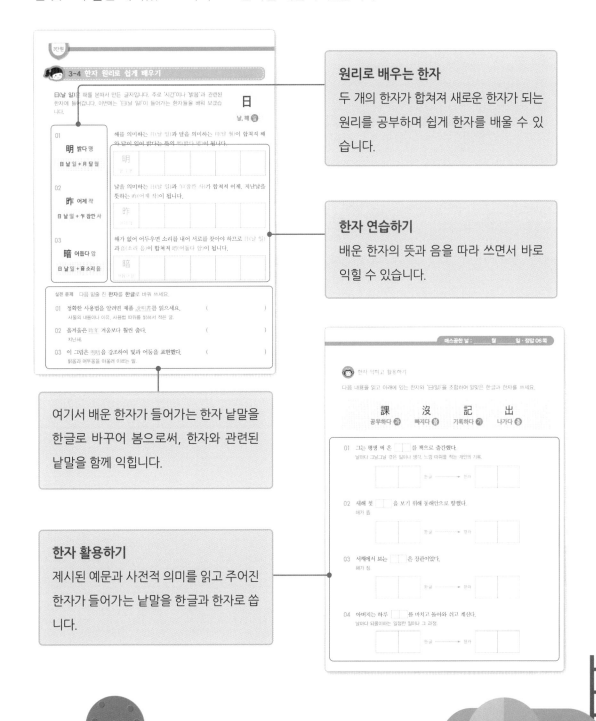

원리로 배우는 한자
두 개의 한자가 합쳐져 새로운 한자가 되는 원리를 공부하며 쉽게 한자를 배울 수 있습니다.

한자 연습하기
배운 한자의 뜻과 음을 따라 쓰면서 바로 익힐 수 있습니다.

여기서 배운 한자가 들어가는 한자 낱말을 한글로 바꾸어 봄으로써, 한자와 관련된 낱말을 함께 익힙니다.

한자 활용하기
제시된 예문과 사전적 의미를 읽고 주어진 한자가 들어가는 낱말을 한글과 한자로 씁니다.

❺ 사자성어 배우고 활용하기

사자성어에는 옛 선조들의 경험과 지혜가 담겨 있어 현재의 우리에게도 큰 깨달음을 줍니다. 가장 많이 사용하는 사자성어들을 소개하였습니다.

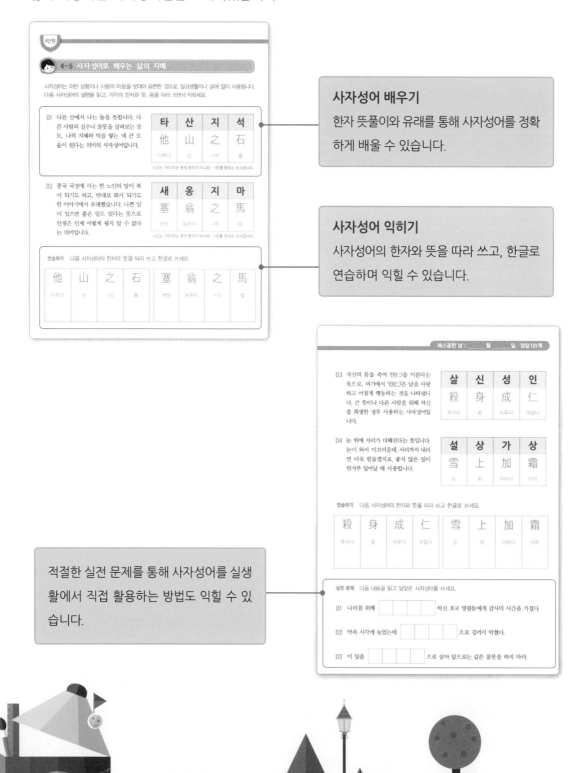

사자성어 배우기
한자 뜻풀이와 유래를 통해 사자성어를 정확하게 배울 수 있습니다.

사자성어 익히기
사자성어의 한자와 뜻을 따라 쓰고, 한글로 연습하며 익힐 수 있습니다.

적절한 실전 문제를 통해 사자성어를 실생활에서 직접 활용하는 방법도 익힐 수 있습니다.

❻ 국어 문법 쉽게 배우고 활용하기

초등 고학년과 중학생이 알아야 할 국어 문법을 쉽게 설명하고 있습니다. 올바른 글쓰기를 위해서 반드시 국어 문법을 배워야 합니다. 이 책에서는 어렵고 암기하는 것이 아니라 적절한 예제와 문제를 통해 보다 체계적으로 국어 문법을 배울 수 있습니다.

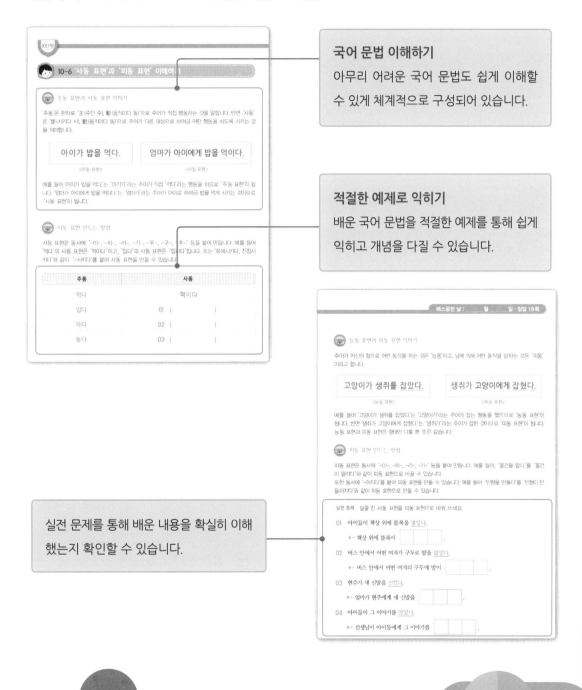

국어 문법 이해하기
아무리 어려운 국어 문법도 쉽게 이해할 수 있게 체계적으로 구성되어 있습니다.

적절한 예제로 익히기
배운 국어 문법을 적절한 예제를 통해 쉽게 익히고 개념을 다질 수 있습니다.

실전 문제를 통해 배운 내용을 확실히 이해했는지 확인할 수 있습니다.

목 차

별책 | 정답 및 해설

맞춤법 어휘력

이 책은 어린이 스스로 재미있게 공부하도록 구성되어 있습니다. 다음에 소개되는 방법을 참고하면 누구나 어휘 왕이 될 수 있습니다.

🐑 틀린 답을 완전한 내 것으로 만들기

이 책은 정답을 맞히기 위한 교재가 아니라, 내가 무엇을 알고 모르는지를 확인할 수 있는 교재입니다. 틀린 답은 자신이 몰랐던 것을 알려 주는 고마운 존재이므로 잘 모르거나 틀린 문제로 예문을 만들어 완전히 이해하고 넘어갑니다.

🐑 나만의 어휘 사전 만들기

책이나 글을 읽다가 모르는 낱말이 나오면 사전에서 의미를 찾습니다. 낱말로 만든 예문도 읽고, 비슷한 말과 반대말까지 읽는다면 보다 풍부하게 어휘를 확장하여 배울 수 있습니다.

🐑 배운 낱말과 표현은 꼭 사용해 보기

새로 알게 된 낱말이나 좋은 표현은 일기나 독서록 등과 같은 글을 쓸 때 꼭 써 봅니다. 아무리 어려운 어휘라도 몇 번 쓰다 보면 자연스럽게 쓸 수 있게 됩니다.

맞춤법·어휘력 국어 실력 1단원

1-1 풍부한 표현을 위한 고유어 익히기

 고유어 익히고 활용하기 1

곤지	깍지	고비	고뿔

01 일이 되어 가는 과정에서 가장 중요한 단계나 대목.
또는 막다른 절정.　　　　　　　　　　　　　(　　　　　　　)

02 감기를 일상적으로 이르는 말.　　　　　　　(　　　　　　　)

03 전통 혼례에서 신부가 단장할 때 이마 가운데 연지로
찍는 붉은 점.　　　　　　　　　　　　　　　(　　　　　　　)

04 열 손가락을 서로 엇갈리게 바짝 맞추어 잡은 상태.　(　　　　　　　)

 고유어 익히고 활용하기 2

어안	속셈	어림	속바람

01 대강 짐작으로 헤아림.　　　　　　　　　　(　　　　　　　)

02 어이없어 말을 못 하고 있는 혀 안.　　　　　(　　　　　　　)

03 몹시 지친 때에 숨이 차서 숨결이 고르지 못하고
몸이 떨리는 현상.　　　　　　　　　　　　　(　　　　　　　)

04 마음속으로 하는 궁리나 계획.　　　　　　　(　　　　　　　)

고유어 익히고 활용하기 3

시시콜콜	시나브로	시름시름	속속들이

01 모르는 사이에 조금씩 조금씩.   (   )

02 깊은 속까지 샅샅이.   (   )

03 자질구레한 것까지 낱낱이 따지거나 다루는 모양.   (   )

04 병세가 더 심해지지도 않고 나아지지도 않으면서
오래 끄는 모양.   (   )

실전 문제 앞에서 배운 고유어를 이용하여 다음 빈칸을 채웁니다.

01 이번 한파는 오늘이 최대 ☐☐이고, 내일부터 누그러집니다.

02 갑자기 벌어진 상황에 ☐☐이 벙벙해졌다.

03 친하지도 않은 나를 불러낸 그의 ☐☐이 궁금했다.

04 그녀는 악수를 하기 위해 ☐☐를 낀 손을 풀었다.

05 가을이 되자 ☐☐☐☐ 낙엽이 쌓이기 시작한다.

1-2 어휘력 키우는 비슷한 말과 반대말

비슷한 말끼리 선 긋기 1

❶ 각광　　·　　　　　·　㉠ 사과

❷ 사죄　　·　　　　　·　㉡ 가문

❸ 합산　　·　　　　　·　㉢ 가산

❹ 문중　　·　　　　　·　㉣ 주목

비슷한 말끼리 선 긋기 2

❶ 도처　　·　　　　　·　㉠ 예절

❷ 염치　　·　　　　　·　㉡ 건사

❸ 감명　　·　　　　　·　㉢ 각지

❹ 간수　　·　　　　　·　㉣ 탄복

초성 퀴즈 1

01 영양과 발육 상태가 매우 좋은 아기.
　　㉖ 두 살짜리 동생은 마치 네 살 아이처럼 보이는 □□□다.

ㅇ	ㄹ	ㅇ

02 늘 자리 옆에 갖추어 두고 가르침으로 삼는 말이나 문구.
　　㉖ 나는 "뜻이 있는 곳에 길이 있다."를 □□□으로 정했다.

ㅈ	ㅇ	ㅁ

03 곤충의 머리 부분에 있으며 후각, 촉각 등을 느끼는 감각 기관.
　　㉖ 개미는 □□□를 이용해 길을 찾는다.

ㄷ	ㄷ	ㅇ

04 머리의 맨 위쪽.
　　㉖ 갈래머리로 묶기 위해 □□□ 한가운데 가르마를 탔다.

ㅈ	ㅅ	ㄹ

반대말끼리 선 긋기 1

❶ 비극   ·   · ㉠ 이별

❷ 삭제   ·   · ㉡ 임시

❸ 상봉   ·   · ㉢ 첨가

❹ 상시   ·   · ㉣ 희극

 반대말끼리 선 긋기 2

❶ 불치   ·   · ㉠ 참석

❷ 빈곤   ·   · ㉡ 호황

❸ 불참   ·   · ㉢ 풍요

❹ 불황   ·   · ㉣ 완치

 초성 퀴즈 2

01 차례를 지키지 않고 남의 앞에 끼어드는 것.
    ⑩ 줄을 선 사람과 □□□를 하는 사람 사이에 싸움이 일어났다.

ㅅ	ㅊ	ㄱ

02 가꾸지 않고 내버려 두어 거칠어진 땅.
    ⑩ 박 씨는 척박한 □□□를 개간하여 기름진 옥토로 만들었다.

ㅎ	ㅁ	ㅈ

03 실을 꿰기 위하여 바늘 끝에 뚫은 작은 구멍.
    ⑩ 할머니는 침침한 눈으로 □□□에 실을 넣으려 애쓰셨다.

ㅂ	ㄴ	ㄱ

04 동물의 가죽을 썩지 않게 처리한 다음 원래 모양대로 만든 것.
    ⑩ 박물관에서 본 호랑이 □□는 마치 살아 있는 것 같았다.

ㅂ	ㅈ

05 빛의 굴절 현상에 의하여 땅 위에 무엇이 있는 것처럼 보이는 현상.
    ⑩ 사막을 걷다 지친 사람들은 물웅덩이 같은 □□□를 종종 본다.

ㅅ	ㄱ	ㄹ

1-3 신문 어휘로 독해력 키우기

독해력과 어휘력을 키우는 가장 좋은 방법은 신문을 읽는 것입니다. 하지만 신문에는 평소 사용하지 않는 어려운 낱말들이 많아 이해하기 어렵습니다. 정치, 경제, 환경 등의 신문 기사에서 접할 수 있는 다양한 어휘를 익히고, 활용해 보겠습니다.

신문에 나오는 어휘 익히기

아래 설명과 예문을 읽고 알맞은 낱말을 찾아 쓰세요. 해당 낱말의 한자와 뜻을 통해 낱말을 좀 더 정확하게 익히세요.

기소	청탁	판례	선고

01 ☐☐

남에게 어떤 일을 부탁함.

예 참가자가 뇌물을 주며 ☐☐을 했다고 한다.

請 청하다 託 부탁하다

02 ☐☐

검사가 특정한 형사 사건에 대하여 법원에 심판을 요구하는 일.

예 그는 폭행 혐의로 불구속 ☐☐를 당했다.

起 일어나다 訴 호소하다

03 ☐☐

법정에서 재판장이 판결을 알리는 일.

예 용의자는 증거가 없어 무죄 ☐☐를 받았다.

宣 베풀다 告 고하다

04 ☐☐

법원에서 같거나 비슷한 소송 사건에 대해 재판한 이전의 사례.

예 비슷한 재판에서 승리한 ☐☐들을 찾아보았다.

判 판단하다 例 법식

피해자　　　피의자　　　참고인

05 □□□

범죄의 혐의는 인정되었으나 아직 형사 재판이 청구되지 않은 사람.

예 경찰이 유력한 □□□를 검거했다.

被	疑	者
입다	의심하다	사람

06 □□□

범죄에 관하여 알고 있는 사실을 말하도록 조사를 받는 사람.

예 용의자의 동생은 □□□ 신분으로 조사를 받았다.

參	考	人
참여하다	생각하다	사람

07 □□□

피해를 입은 사람.

예 뺑소니 사고의 □□□를 위한 대책이 시급하다.

被	害	者
입다	해하다	사람

 알맞은 낱말 넣어 신문 기사 완성하기

앞에서 배운 어휘를 활용하여 다음 신문 기사를 완성하세요.

△△신문

20△△년 △월 창간	NEWSPAPER	경기도 꿈씨앗동 123-4567

검찰 ▲▲▲ 기소에 자신감 보여

▲▲▲의 (　　　　　)를 앞둔 검찰이 2011년 ☆☆ 사건 (　　　　　)에 주목하고

있다. 검찰은 당시 경찰에게 수사 중단을 (　　　　)한 ▲▲▲에게 징역 1년을

선고했다. 한편 검찰은 당시 사무원을 (　　　　) 신분으로 소환했다.

1-4 한자 원리로 쉽게 배우기

왜 한자를 알아야 할까요? 우리가 사용하는 어휘 중 약 70% 이상이 한자에서 유래한 한자어입니다. 특히 신문 기사나 전문 용어의 경우 상당수가 한자어여서, 만약 한자를 전혀 모른다면 완벽하게 이해하기 어려울 수 있습니다.

 한자로 정확한 뜻을 알 수 있어요

한글에서는 모양은 같지만 뜻이 전혀 다른 낱말이 많은데, 이런 경우 주변 내용을 읽고 그 뜻을 추측해야 합니다. 하지만 한자를 살펴보면 그 뜻을 보다 정확하게 구분할 수 있습니다. 다음 예문에 나오는 '인재'는 같은 모양이지만, 두 낱말의 뜻은 완전히 다릅니다. 첫 번째 문장의 '인재'는 '어떤 일을 할 수 있는 능력을 갖춘 사람'을 말하고, 두 번째 문장의 '인재'는 '사람에 의해 발생한 재앙'을 의미합니다. 이처럼 한글로는 같아 보이는 낱말도 한자로 표기하면 완전히 다른 뜻이 됩니다.

> **01** 우수한 **인재**를 많이 배출한 학교이다.

VS

> **02** 그 화재는 담뱃불로 인해 발생한 **인재**였다.

01

인 재
人 材

사람 **인**   재목 **재**

뜻 어떤 일을 할 수 있는 학식이나 능력을 갖춘 사람.

02

인 재
人 災

사람 **인**   재앙 **재**

뜻 사람에 의해 일어난 불행한 사고나 어려운 일.

한자 부수의 이름과 특징

한글을 맨 처음 배울 때 'ㄱ, ㄴ, ㄷ, ㄹ' 등을 익히는 것처럼, 한자도 기본 글자인 '부수'를 먼저 익혀야 합니다. 한자의 부수는 '214자'이고 대부분 사물의 모양을 본떠 만든 상형문자여서, 모습을 떠올리면 쉽게 익힐 수 있습니다. 한자를 한자사전인 '자전'에서 찾을 때 부수로 찾아야 하므로, 기본적인 부수는 알아 두면 좋습니다. 부수는 글자의 어느 위치에 놓이느냐에 따라 이름이 다릅니다.

위치	이름	특징	예
	변	부수가 글자의 왼쪽에 있으면 '변'이라고 합니다.	仙 신선 선
	방	부수가 글자의 오른쪽에 있으면 '방'이라고 합니다.	刻 새기다 각
	머리	부수가 글자의 위쪽에 있으면 '머리'라고 합니다.	草 풀 초
	발	부수가 글자의 아래쪽에 있으면 '발'이라고 합니다.	無 없다 무
	받침	부수가 글자의 왼쪽에서 아래쪽으로 걸쳐 있으면 '받침'이라고 합니다.	道 길 도
	엄	부수가 글자의 위쪽에서 왼쪽으로 걸쳐 있으면 '엄'이라고 합니다.	原 언덕 원
	몸	부수가 글자를 에워싸고 있으면 '몸'이라고 합니다.	囚 가두다 수
	제부수	한자 자체가 부수인 경우 '제부수'라고 합니다.	木 나무 목

1-5 사자성어로 배우는 삶의 지혜

사자성어는 어떤 상황이나 사람의 마음을 빗대어 표현한 것으로, 일상생활이나 글에 많이 사용됩니다. 다음 사자성어의 설명을 읽고, 각각의 한자와 뜻, 음을 따라 쓰면서 익히세요.

01 같은 병을 앓는 사람끼리 서로 불쌍히 여긴다는 뜻으로, 어려운 처지에 있는 사람끼리 서로 가엾게 여김을 이르는 말입니다.

동	병	상	련
同	病	相	憐
한가지	병	서로	불쌍히 여기다

02 달콤한 말과 이로운 말이라는 뜻입니다. 달콤한 말과 이로운 조건을 내세워 남의 비위를 맞출 때 사용하는 사자성어입니다.

감	언	이	설
甘	言	利	說
달다	말씀	이롭다	말씀

연습하기 다음 사자성어의 한자와 뜻을 따라 쓰고 한글로 쓰세요.

同	病	相	憐
한가지	병	서로	불쌍히 여기다

甘	言	利	說
달다	말씀	이롭다	말씀

03 지난 것을 고치고 선한 사람이 된다는 뜻입니다. 자신의 잘못을 뉘우치고 새로운 사람으로 변했을 때 사용하는 사자성어입니다.

개	과	천	선
改	過	遷	善
고치다	지나다	옮기다	착하다

04 매듭을 묶은 자가 풀어야 한다는 뜻입니다. 일을 저지른 사람이 책임지고 해결해야 한다는 의미의 사자성어입니다.

※ '之'는 다양하게 사용되는데, 주로 '가다 지'라는 뜻이나 '~의'라는 뜻의 조사로 사용됩니다. 여기에서는 '그것'을 뜻하는 지시 대명사로 사용되었습니다.

결	자	해	지
結	者	解	之
맺다	사람	풀다	그것

연습하기　다음 사자성어의 한자와 뜻을 따라 쓰고 한글로 쓰세요.

改	過	遷	善
고치다	지나다	옮기다	착하다

結	者	解	之
맺다	사람	풀다	그것

실전 문제　다음 내용을 읽고 알맞은 사자성어를 쓰세요.

01 그는 큰돈을 벌게 해 주겠다는  에 속아 전 재산을 날렸다.

02 비슷하게 어려운 일을 겪어서인지 그에게  의 마음이 생겼다.

03 이 일은 제가 시작했으니,  차원에서 제가 해결하겠습니다.

1-6 부정문 구분하여 사용하기

🐵 '안' 부정문과 '못' 부정문 구분하기

이번에는 부정문에 대해 배워 보겠습니다. 부정문은 '그렇지 않음'을 나타내는 말을 써서 문장의 전체나 일부분을 부정하는 문장을 말합니다. 부정문은 어떤 부정어를 사용하느냐에 따라 '안' 부정문, '못' 부정문, '말다' 부정문 등 세 가지로 나뉩니다. 아래 훈이처럼 스스로의 의지로 결정된 일은 '안' 부정문을 사용하고, 석이처럼 어쩔 수 없는 상황에 의해 결정된 일은 '못' 부정문을 사용합니다.

❝ 나는 숙제를 안 했다. ❞   **❝ 나는 숙제를 못 했다. ❞**

   VS

훈이   석이

훈이는 숙제를 하는 대신 친구들과 축구를 하며 놀았어요. 이처럼 스스로의 의지로 결정된 일의 경우에는 **'숙제를 안 했다.'**로 표현하는 것이 맞습니다.

석이는 크게 다치는 바람에 숙제를 할 수 없었어요. 이처럼 상황이나 능력이 따르지 않아 할 수 없었던 경우에는 **'숙제를 못 했다.'**로 표현하는 것이 맞습니다.

짧은 부정문과 긴 부정문

부정문은 문장의 길이에 따라 짧은 부정문과 긴 부정문으로 나눌 수 있습니다. '안' 부정문은 '–지 않다.'로 길게 쓸 수 있고, '못' 부정문은 '–지 못하다.'로 길게 쓸 수 있습니다.

예를 들어 '숙제를 안 했다.'는 '숙제를 하지 않았다.'와 같은 뜻이고, '숙제를 못 했다.'는 '숙제를 하지 못했다.'와 같은 의미입니다.

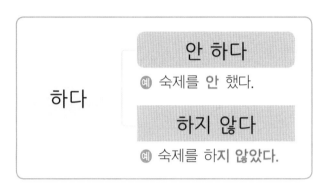

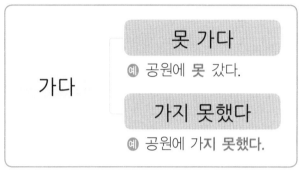

 금지와 부탁에 사용하는 '– 말다' 부정문

'수업 시간에 떠들지 말아라.'나 '서로 싸우지 마세요.'와 같이 어떤 것을 하지 않도록 부탁하거나 명령할 때는 '–말다'를 사용합니다.

| 빨리 뛰어라. | ▶▶ | 빨리 뛰지 말아라. |

실전 문제 다음 문장을 읽고 빈칸에 알맞은 부정어를 쓰세요.

01 어제 다리를 삐어서 운동하러 ☐ 갔다.

02 오늘은 쉬고 싶어서 운동하러 ☐ 갔다.

03 그 과자는 너무 달아 ☐ 샀다.

04 그 과자는 다 팔려서 ☐ 샀다.

맞춤법 • 어휘력 국어 실력 2단원

 2-1 풍부한 표현을 위한 고유어 익히기

 고유어 익히고 활용하기 1

| 눈가림 | 눈썰미 | 눈가늠 | 눈시울 |

01 눈으로 어림잡아 목표나 기준에 대어 보는 일.　　　（　　　　　）

02 겉만 꾸며 남의 눈을 속이는 짓.　　　（　　　　　）

03 눈언저리의 속눈썹이 난 곳.　　　（　　　　　）

04 한두 번 보고 곧 그대로 해내는 재주.　　　（　　　　　）

 고유어 익히고 활용하기 2

| 씀씀이 | 짬짜미 | 삿대질 | 에누리 |

01 값을 깎는 일.　　　（　　　　　）

02 돈이나 물건 혹은 마음 따위를 쓰는 형편.　　　（　　　　　）

03 말다툼을 할 때, 주먹이나 손가락 따위를
상대편 얼굴 쪽으로 내지르는 행위.　　　（　　　　　）

04 남모르게 자기들끼리만 짜고 하는 약속이나 수작.　　　（　　　　　）

고유어 익히고 활용하기 3

| 휘영청 | 짐짓 | 자못 | 허투루 |

01 아무렇게나 되는대로. (   )

02 달빛 따위가 몹시 밝은 모양. (   )

03 생각보다 매우. (   )

04 마음으로는 그렇지 않으나 일부러 그렇게. (   )

실전 문제 앞에서 배운 고유어를 이용하여 다음 빈칸을 채웁니다.

01 그런 해결책은 교묘한 [ ][ ][ ]에 불과하다.

02 돌아가신 할아버지를 생각하니 [ ][ ][ ]이 붉어진다.

03 만 원짜리 목도리를 칠천 원에 [ ][ ][ ] 해 주셨다.

04 대가족이 함께 사니 [ ][ ][ ]가 클 수밖에 없다.

05 학교 과제를 그렇게 [ ][ ][ ] 해서는 안 된다.

2-2 어휘력 키우는 비슷한 말과 반대말

 비슷한 말끼리 선 긋기 1

① 추산하다 ·   · ㄱ 무모하다

② 터무니없다 ·   · ㄴ 애잔하다

③ 가로채다 ·   · ㄷ 갈취하다

④ 애처롭다 ·   · ㄹ 어림잡다

 비슷한 말끼리 선 긋기 2

① 처연하다 ·   · ㄱ 그지없다

② 가없다 ·   · ㄴ 처량하다

③ 각박하다 ·   · ㄷ 참혹하다

④ 가혹하다 ·   · ㄹ 야박하다

 초성 퀴즈 1

01 쌀을 씻고 난 뿌연 물.

예 어머니는 쌀을 씻은 □□□로 국을 끓이셨다.

ㅆ	ㄸ	ㅁ

02 한나절의 반.

예 그는 □□□이면 끝낼 일을 한나절이 지나 끝냈다.

ㅂ	ㄴ	ㅈ

03 의식적으로 숨을 깊이 들이쉬고 내쉼.

예 면접에 앞서 가슴을 펴고 크게 □□□하며 긴장을 풀었다.

ㅅ	ㅎ	ㅎ

04 두 개의 망원경을 연결하여 멀리 있는 물체를 크게 보는 기구.

예 우리는 □□□으로 강에 있는 철새들을 관찰했다.

ㅆ	ㅇ	ㄱ

반대말끼리 선 긋기 1

❶ 분노 ·   · ㉠ 과잉

❷ 분실 ·   · ㉡ 희열

❸ 불경기 ·   · ㉢ 습득

❹ 부족 ·   · ㉣ 호경기

 반대말끼리 선 긋기 2

❶ 풍족 ·   · ㉠ 비효율적

❷ 비운 ·   · ㉡ 내야수

❸ 효율적 ·   · ㉢ 행운

❹ 외야수 ·   · ㉣ 궁핍

 초성 퀴즈 2

01 빗자루로 쓴 쓰레기를 받아 내는 기구.

    예) 빗자루로 깨진 조각들을 □□□□에 쓸어 담았다.

ㅆ	ㄹ	ㅂ	ㄱ

02 일정 기간 어떤 주제의 온갖 물품을 사람들에게 보이는 행사.

    예) 올해 서울에서 세계 자동차 □□□가 개최될 예정이다.

ㅂ	ㄹ	ㅎ

03 신이나 영웅에 대한 신비스러운 이야기.

    예) 단군 □□는 우리나라 최초 나라인 고조선이 세워진 이야기다.

ㅅ	ㅎ

04 해가 뜨거나 질 무렵에, 하늘이 햇빛에 물들어 벌겋게 보이는 현상.

    예) 그는 창가에서 □□이 붉게 물든 하늘을 바라보았다.

ㄴ	ㅇ

05 일정한 조직이나 집단이 대표자나 임원을 뽑는 일.

    예) 각 지역 대표 일꾼을 뽑는 국회의원 □□는 4년마다 열린다.

ㅅ	ㄱ

2-3 신문 어휘로 독해력 키우기

독해력과 어휘력을 키우는 가장 좋은 방법은 신문을 읽는 것입니다. 하지만 신문에는 평소 사용하지 않는 어려운 낱말들이 많아 이해하기 어렵습니다. 정치, 경제, 환경 등의 신문 기사에서 접할 수 있는 다양한 어휘를 익히고, 활용해 보겠습니다.

신문에 나오는 어휘 익히기

아래 설명과 예문을 읽고 알맞은 낱말을 찾아 쓰세요. 해당 낱말의 한자와 뜻을 통해 낱말을 좀 더 정확하게 익히세요.

축적	원활	해소	정체

01 ☐☐

어려운 일이나 문제를 해결하여 없애 버림.
예) 운동은 스트레스 ☐☐에 도움이 된다.

解 풀다　**消** 사라지다

02 ☐☐

어떤 일이나 상황 따위가 더 진전되지 못하고 일정한 범위나 수준에 그침.
예) 나들이 차량으로 도로 ☐☐가 심하다.

停 머물다　**滯** 막히다

03 ☐☐

지식, 자금, 경험 등을 모아서 쌓음.
예) 책을 통해 지식을 ☐☐하자.

蓄 모으다　**積** 쌓다

04 ☐☐

거침이 없이 잘되어 나감.
예) 길이 텅 비어 교통이 ☐☐하다.

圓 둥글다　**滑** 미끄럽다

내륙   예측   농도

05 | | |

한 성분의 진하고 묽은 정도.

예 자동차로 인해 오염 물질의 □□가 점점 높아진다.

濃　度
짙다　법도

06 | | |

바다에서 멀리 떨어져 있는 육지.

예 호준이는 섬에 살다가 □□ 지역으로 이사를 왔다.

內　陸
안　물

07 | | |

앞으로 있을 일을 미리 헤아려 짐작함.

예 누구도 미래를 완벽하게 □□할 수 없다.

豫　測
미리　헤아리다

🐑 **알맞은 낱말 넣어 신문 기사 완성하기**

앞에서 배운 어휘를 활용하여 다음 신문 기사를 완성하세요.

△△신문

20△△년 △월 창간 　　　　　NEWSPAPER　　　　　경기도 꿈씨앗동 123-4567

고농도 초미세먼지 비상

서해상에 고기압이 자리 잡으면서 대기 (　　　)가 발생해 국내 오염 물질이 (　　　)되고, 외부에서 들어온 미세먼지까지 더해져 초미세먼지 (　　　)가 높아졌다. 8일 전국적으로 많은 비가 내리면서 오염 물질이 씻겨 나가고, 대기 확산이 (　　　)해져서 고농도 미세먼지 현상은 (　　　)될 것으로 전망됐다.

2-4 한자가 만들어진 원리 이해하기

어떤 글자든 만들어진 원리를 알면 더 쉽게 이해할 수 있습니다. 무작정 손으로 쓰면서 한자를 외우기보다는, 한자가 만들어진 원리를 통해 익히면 더 쉽고 오래 기억하게 됩니다. 한자가 만들어진 대표 원리에 대해 배워 보겠습니다.

🐑 사물의 모양을 본떠 만든 '상형문자'

옛날 중국에서는 처음 글자를 만들 때 사물의 모양을 본떠 만들었습니다. 다음 예제와 같이 세 개의 산봉우리 모습을 본떠 '山(산 산)'을 만들고, 흐르는 개울 모습을 본떠 '川(내 천)'을 만들었습니다. 이처럼 어떤 사물의 모양을 본떠 만든 한자를 '상형문자(象形文字)'라고 합니다.

01 산 모양으로 만든 山(산 산)

02 시냇물 모양으로 만든 川(내 천)

🐑 기호로 뜻을 표현하는 '지사문자'

나무를 본떠 만든 상형문자인 '木(나무 목)'의 맨 위에 '一'라는 기호를 추가하면 '末(끝 말)'이라는 새로운 한자가 됩니다. 이처럼 눈으로 볼 수 없는 추상적인 뜻을 표시하기 위해 상징적인 기호를 사용한 것을 '지사문자(指事文字)'라고 합니다. 다음 한자들은 대표적인 지사문자입니다.

여러 글자를 합쳐 만든 '회의문자'

이미 만들어진 둘 이상의 한자를 합하여 새로운 한자를 만듦으로써, 다른 뜻을 나타내는 것을 '회의문자(會意文字)'라고 합니다. 예를 들어 '日(날 일)'과 '月(달 월)'을 합하여 '해와 달이 함께 하니 밝다'는 뜻의 새로운 한자 '明(밝다 명)'을 만들었습니다. 다음 한자들은 대표적인 회의문자입니다.

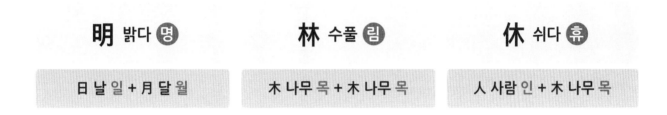

 뜻과 소리를 내는 글자를 합쳐 만든 '형성문자'

'형성문자(形聲文字)'도 회의문자처럼 두 개 이상의 한자를 합하여 새로운 글자를 만듭니다. 하지만 합쳐진 두 개 이상의 글자는 서로 다른 역할을 합니다. 하나는 '뜻'을 의미하는 한자로 사용되고, 다른 하나는 '소리'를 나타내는 데 사용됩니다. 한자의 90% 이상이 형성문자입니다. 다음 예제인 '洋(바다 양)'은 뜻을 의미하는 'ㆍ(물 수)'와 소리를 나타내는 '羊(양 양)'이 합쳐진 한자입니다.

2-5 사자성어로 배우는 삶의 지혜

사자성어는 어떤 상황이나 사람의 마음을 빗대어 표현한 것으로, 일상생활이나 글에 많이 사용됩니다. 다음 사자성어의 설명을 읽고, 각각의 한자와 뜻, 음을 따라 쓰면서 익히세요.

01 닭의 무리 가운데에서 한 마리의 학이란 뜻입니다. 많은 사람 가운데서 눈에 띄게 뛰어난 사람을 일컬을 때 사용하는 사자성어입니다.

군	계	일	학
群	鷄	一	鶴
무리	닭	하나	학

02 쓴 것이 다하면 단 것이 온다는 뜻입니다. 어렵고 힘든 일이 지나면 즐겁고 좋은 일이 온다는 의미입니다.

고	진	감	래
苦	盡	甘	來
쓰다	다하다	달다	오다

연습하기 다음 사자성어의 한자와 뜻을 따라 쓰고 한글로 쓰세요.

群	鷄	一	鶴	苦	盡	甘	來
무리	닭	하나	학	쓰다	다하다	달다	오다

03 지나친 것은 미치지 못한 것과 같다, 다시 말해 정도가 너무 지나친 것은 부족한 것과 같다는 뜻입니다. 무엇이든 한쪽으로 치우치지 않아야 한다는 내용의 사자성어입니다.

과	유	불	급
過	猶	不	及
지나치다	오히려	아니다	미치다

04 아홉 번 죽을 뻔하다 한 번 살아난다는 뜻입니다. 여러 차례 죽을 고비를 넘기고 겨우 목숨을 건졌을 때 쓰는 사자성어입니다.

구	사	일	생
九	死	一	生
아홉	죽다	하나	살다

연습하기 다음 사자성어의 한자와 뜻을 따라 쓰고 한글로 쓰세요.

過	猶	不	及
지나치다	오히려	아니다	미치다

九	死	一	生
아홉	죽다	하나	살다

실전 문제 다음 내용을 읽고 알맞은 사자성어를 쓰세요.

01 힘들 때마다  라는 말을 생각하며 이겨 냈다.

02 강제 노역으로 끌려갔던 그는  으로 살아 돌아왔다.

03 출중한 인물에 총명하기까지 한 그는 학생 중 　　　　　　 이었다.

2-6 '되'와 '돼' 구분하여 사용하기

가장 많이 헷갈리는 맞춤법 중 하나가 바로 '되'와 '돼'입니다. '되'와 '돼'는 발음이 비슷해 잘못 쓰기 쉽습니다. 정확한 설명과 다양한 예를 통해 '되'와 '돼'를 구분하는 방법을 배워 보겠습니다.

 '되어'로 바꿔 보기

'돼'는 '되어'를 줄여서 쓴 말입니다. 그러므로 '돼' 대신 '되어'를 넣어서 자연스러우면 '돼'가 맞고, 자연스럽지 않으면 '되'가 맞습니다. 예를 들어 '나는 반장이 됐다.'에서는 '됐'을 '되었'으로 바꿔도 자연스러우므로, '됐'이 맞습니다.

나는 반장이 **됐**다.	=	반장이 **되었**다.

반면 '떠들면 안 되는 곳이다.'에서는 '되'를 '되어'로 바꾸면 이상하므로 '되'가 맞습니다.

떠들면 안 **되어**는 곳이다.	≠	떠들면 안 **되**는 곳이다.
X		O

 '해'로 바꿔 보기

'돼' 대신 '해'를 넣어서 자연스러우면 '돼'가 맞습니다. 그리고 '되'는 홀로 쓰일 수 없고 문장 끝에 나올 수 없습니다. 따라서 문장 끝에는 무조건 '돼'와 '돼요'를 써야 합니다.

돼 = 해

오늘 연필을 사야 **돼**.	=	오늘 연필을 사야 **해**.

실전 문제   다음 밑줄 친 부분이 맞으면 'O'를 쓰고, 틀리면 맞게 고치세요.

01   장사가 <u>잘돼서</u> 가게를 넓혔다.   (   )

02   비행기 시간에 늦으면 <u>안 돼니</u> 일찍 출발하자.   (   )

03   형은 저녁때가 <u>돼서야</u> 집에 왔다.   (   )

04   우리가 바라는 대로 <u>돼면</u> 좋겠다.   (   )

05   공연이 시작된 지 10분도 <u>안 되</u> 졸렸다.   (   )

06   같은 반이 <u>되었더라면</u> 좋았을 텐데.   (   )

07   절대 손으로 만지면 <u>안 되</u>.   (   )

08   부모는 자식에게 모범이 <u>돼어야</u> 한다.   (   )

03 맞춤법·어휘력 국어 실력 3단원

3-1 풍부한 표현을 위한 고유어 익히기

고유어 익히고 활용하기 1

| 잠투정 | 칼잠 | 풋잠 | 쪽잠 |

01 짧은 틈을 타서 불편하게 자는 잠. ( )

02 충분하지 아니한 공간에서 여럿이 잘 때, 바로 눕지 못하고 몸의 옆부분을 바닥에 댄 채로 불편하게 자는 잠. ( )

03 잠든 지 얼마 안 되어 깊이 들지 못한 잠. ( )

04 어린아이가 잠을 자려고 할 때나 잠이 깨었을 때 떼를 쓰며 우는 짓. ( )

고유어 익히고 활용하기 2

| 물보라 | 물마루 | 물장구 | 물살 |

01 바다와 하늘이 맞닿은 것처럼 멀리 보이는 수평선의 두두룩한 부분. ( )

02 물결이 바위 따위에 부딪쳐 사방으로 흩어지는 잔 물방울. ( )

03 물이 흘러 내뻗는 힘. ( )

04 헤엄칠 때 발등으로 물 위를 잇따라 치는 일. ( )

🐵 고유어 익히고 활용하기 3

곧이	곧추	사부작사부작	미주알고주알

01 아주 사소한 일까지 속속들이.　　　　　　　(　　　　　　　　　)

02 별로 힘들이지 않고 계속 가볍게 행동하는 모양.　(　　　　　　　　　)

03 바로 그대로.　　　　　　　　　　　　　　　(　　　　　　　　　)

04 굽히거나 구부리지 아니하고 곧게.　　　　　(　　　　　　　　　)

실전 문제　앞에서 배운 고유어를 이용하여 다음 빈칸을 채웁니다.

01 아기가 잠들기 전에 징징거리며 ☐☐☐을 하였다.

02 바위에 부딪힌 파도가 ☐☐☐를 일으켰다.

03 책상에 엎드려 ☐☐을 잤더니 몸이 뻐근하다.

04 장마로 개울의 ☐☐이 빨라져서 건널 수 없다.

05 어머니는 학교의 일들을 ☐☐☐☐☐☐ 캐물었다.

3-2 어휘력 키우는 비슷한 말과 반대말

비슷한 말끼리 선 긋기 1

❶ 곱절 · · ㉠ 감정

❷ 목표 · · ㉡ 갑절

❸ 감회 · · ㉢ 강령

❹ 압제 · · ㉣ 억압

비슷한 말끼리 선 긋기 2

❶ 골자 · · ㉠ 강적

❷ 개입 · · ㉡ 요지

❸ 개척 · · ㉢ 관여

❹ 맞수 · · ㉣ 개간

초성 퀴즈 1

01 밤에 잠을 자지 못하는 증상.
　　　예 과도한 스트레스는 □□□을 일으킬 수 있다.

ㅂ	ㅁ	ㅈ

02 어떤 병이나 상처, 고통 등에도 죽지 않고 견디어 내는 몸.
　　　예 영화 속의 주인공은 □□□처럼 절대로 죽지 않는다.

ㅂ	ㅅ	ㅈ

03 설을 맞이하여 새로 장만하여 입거나 신는 옷 또는 신발.
　　　예 새해에는 □□을 입고 웃어른에게 세배한다.

ㅅ	ㅂ

04 어떤 물품이나 사업의 수요가 많은 시기.
　　　예 여름철 □□□를 맞아 해수욕장마다 피서객들로 넘쳐났다.

ㅅ	ㅅ	ㄱ

🐵 반대말끼리 선 긋기 1

❶ 경시 ·   · ㄱ 총각

❷ 처녀 ·   · ㄴ 상급생

❸ 지어미 ·   · ㄷ 지아비

❹ 하급생 ·   · ㄹ 중시

🐵 반대말끼리 선 긋기 2

❶ 고등 ·   · ㄱ 하등

❷ 접속 ·   · ㄴ 쇄국

❸ 급등 ·   · ㄷ 절단

❹ 개국 ·   · ㄹ 급락

🐵 초성 퀴즈 2

01 등장인물의 목소리만 대신 내며 연기하는 배우.

　예 목소리가 예쁜 정원이는 □□가 되는 것이 꿈이다.

ㅅ	ㅇ

02 부호를 사용하여 남의 말을 빨리 받아 적는 일을 직업으로 하는 사람.

　예 법원에서는 재판 과정을 기록하는 □□□가 반드시 필요하다.

ㅅ	ㄱ	ㅅ

03 다 자란 곤충.

　예 나비 애벌레는 번데기에서 약 10일 후 □□이 된다.

ㅅ	ㅊ

04 앞으로 할 일에 대한 생각이나 계획. 또는 설계한 구조를 그린 도면.

　예 앞으로 10년간의 인생 □□□를 그려 보았다.

ㅅ	ㄱ	ㄷ

05 화분에 심은 식물을 다른 화분에 옮겨 심는 것.

　예 이 화초는 더 큰 화분으로 □□□를 해야 한다.

ㅂ	ㄱ	ㅇ

3-3 신문 어휘로 독해력 키우기

독해력과 어휘력을 키우는 가장 좋은 방법은 신문을 읽는 것입니다. 하지만 신문에는 평소 사용하지 않는 어려운 낱말들이 많아 이해하기 어렵습니다. 정치, 경제, 환경 등의 신문 기사에서 접할 수 있는 다양한 어휘를 익히고, 활용해 보겠습니다.

신문에 나오는 어휘 익히기

아래 설명과 예문을 읽고 알맞은 낱말을 찾아 쓰세요. 해당 낱말의 한자와 뜻을 통해 낱말을 좀 더 정확하게 익히세요.

관측	산행	탈진	체감

01 ☐☐

산길을 걸어감.

예 단풍 ☐☐을 위해 주말에 산을 찾았다.

山 (산) 行 (다니다)

02 ☐☐

몸으로 어떤 감각을 느낌.

예 야구공이 날아오는 ☐☐ 속도는 생각보다 빨랐다.

體 (몸) 感 (느끼다)

03 ☐☐

기상, 천문 등의 자연 현상을 관찰하여 그 움직임을 측정함.

예 이 별은 한 번도 ☐☐되지 않은 혜성이다.

觀 (보다) 測 (헤아리다)

04 ☐☐

몸의 기운이 다 빠져 없어짐.

예 며칠 동안 아무것도 먹지도 않아 ☐☐했다.

脫 (벗다) 盡 (다하다)

| 영상 | 평년 | 영하 |

05

일기 예보에서, 지난 삼십 년간 날씨의 평균적인 상태.

예 올해 단풍은 □□보다 일주일가량 빨리 찾아온다.

平 年
평평하다 해

06

온도계에서, 눈금이 0℃ 이하인 온도.

예 내일은 기온이 □□로 내려가 일부 지방에 얼음이 얼겠습니다.

零 下
떨어지다 아래

07

온도계에서, 눈금이 0℃ 이상인 온도.

예 겨울인데도 □□의 날씨가 이어져 따뜻하다.

零 上
떨어지다 위

알맞은 낱말 넣어 신문 기사 완성하기

앞에서 배운 어휘를 활용하여 다음 신문 기사를 완성하세요.

△△신문

20△△년 △월 창간   NEWSPAPER   경기도 꿈씨앗동 123-4567

설악산에 올해 '첫얼음'

설악산에서 올가을 첫얼음이 (   )됐다. 당시 설악산 중청대피소의 최저기온은 영하 3도, (   ) 온도는 영하 9도였다. 관계자는 "고지대의 기온이 크게 떨어진 만큼 (   )을 할 때 (   )과 저체온증을 예방하는 데 각별히 신경 써야 한다."고 말했다.

3-4 한자 원리로 쉽게 배우기

日(날 일)은 해를 본떠서 만든 글자입니다. 주로 '시간'이나 '밝음'과 관련된 한자에 들어갑니다. 이번에는 '日(날 일)'이 들어가는 한자들을 배워 보겠습니다.

日

날, 해 **일**

01

明 밝다 명

日 날 일 + 月 달 월

해를 의미하는 日(날 일)과 달을 의미하는 月(달 월)이 합쳐져 해와 달이 있어 밝다는 뜻의 明(밝다 명)이 됩니다.

明				
밝다 명				

02

昨 어제 작

日 날 일 + 乍 잠깐 사

날을 의미하는 日(날 일)과 乍(잠깐 사)가 합쳐져 어제, 지난날을 뜻하는 昨(어제 작)이 됩니다.

昨				
어제 작				

03

暗 어둡다 암

日 날 일 + 音 소리 음

해가 없어 어두우면 소리를 내어 서로를 찾아야 하므로 日(날 일)과 音(소리 음)이 합쳐져 暗(어둡다 암)이 됩니다.

暗				
어둡다 암				

실전 문제 다음 밑줄 친 **한자**를 **한글**로 바꿔 쓰세요.

01 정확한 사용법을 알려면 제품 <u>說明書</u>를 읽으세요. ( )
사물의 내용이나 이유, 사용법 따위를 밝혀서 적은 글.

02 올겨울은 <u>昨年</u> 겨울보다 훨씬 춥다. ( )
지난해.

03 이 그림은 <u>明暗</u>을 강조하여 빛과 어둠을 표현했다. ( )
밝음과 어두움을 아울러 이르는 말.

한자 익히고 활용하기

다음 내용을 읽고 아래에 있는 한자와 '日(일)'을 조합하여 알맞은 한글과 한자를 쓰세요.

課	沒	記	出
공부하다 **과**	빠지다 **몰**	기록하다 **기**	나가다 **출**

01 그는 평생 써 온 ☐☐를 책으로 출간했다.

날마다 그날그날 겪은 일이나 생각, 느낌 따위를 적는 개인의 기록.

☐☐ 한글 ⟶ 한자 ☐☐

02 새해 첫 ☐☐을 보기 위해 동해안으로 향했다.

해가 뜸.

☐☐ 한글 ⟶ 한자 ☐☐

03 서해에서 보는 ☐☐은 장관이었다.

해가 짐.

☐☐ 한글 ⟶ 한자 ☐☐

04 아버지는 하루 ☐☐를 마치고 돌아와 쉬고 계신다.

날마다 되풀이하는 일정한 일이나 그 과정.

☐☐ 한글 ⟶ 한자 ☐☐

3-5 사자성어로 배우는 삶의 지혜

사자성어는 어떤 상황이나 사람의 마음을 빗대어 표현한 것으로, 일상생활이나 글에 많이 사용됩니다.
다음 사자성어의 설명을 읽고, 각각의 한자와 뜻, 음을 따라 쓰면서 익히세요.

01 선함을 권하고 악함을 징계한다는 뜻입니다. 착한 일을 하면 좋은 일이 생기고 나쁜 일을 하면 벌을 받는다는 의미로, 대부분의 옛날이야기는 권선징악을 주제로 합니다.

권	선	징	악
勸	善	懲	惡
권하다	착하다	징계하다	나쁘다

02 비단 위에 꽃을 더한다는 뜻입니다. 좋은 것에 더 좋은 것을 첨가하여, 가장 훌륭한 결과를 만드는 것을 일컫는 사자성어입니다.

금	상	첨	화
錦	上	添	花
비단	위	더하다	꽃

연습하기 다음 사자성어의 한자와 뜻을 따라 쓰고 한글로 쓰세요.

勸	善	懲	惡
권하다	착하다	징계하다	나쁘다

錦	上	添	花
비단	위	더하다	꽃

03 많으면 많을수록 더 좋다는 뜻입니다. 중국 한나라 때 군사가 많으면 많을수록 좋다는 이야기에서 유래한 사자성어입니다. 오늘날에는 많을수록 좋다는 뜻으로 여러 방면에서 두루 쓰이고 있습니다.

다	다	익	선
多	多	益	善
많다	많다	더하다	좋다

04 큰 그릇은 늦게 이루어진다는 뜻입니다. 그릇이 클수록 만드는 시간이 오래 걸리는 것처럼, 훌륭한 사람도 성공하는 데 오랜 시간이 걸린다는 의미의 사자성어입니다.

대	기	만	성
大	器	晚	成
크다	그릇	늦다	이루다

연습하기 다음 사자성어의 한자와 뜻을 따라 쓰고 한글로 쓰세요.

多	多	益	善
많다	많다	더하다	좋다

大	器	晚	成
크다	그릇	늦다	이루다

실전 문제 다음 내용을 읽고 알맞은 사자성어를 쓰세요.

01 그는 오랜 무명을 거쳐 연기력으로 성공한 ☐☐☐☐ 형 배우다.

02 이 옷은 값도 싸고 따뜻하기까지 하니 ☐☐☐☐ 다.

03 옛날이야기의 교훈은 주로 ☐☐☐☐ 이다.

3-6 '안'과 '않' 구분하여 사용하기

 '아니'와 '아니하-'로 바꿔 보기

'안'은 '아니'의 준말이고, '않'은 '아니하-'의 준말입니다. '안' 대신 '아니'를 넣어 자연스러우면 '안'이 맞습니다. 반면 '않' 대신 '아니하-'를 넣어 자연스러우면 '않'이 맞습니다.

밥을 안 먹는다.	=	밥을 아니 먹는다.
밥을 먹지 않는다.	=	밥을 먹지 아니한다.

 띄어쓰기로 구분하기

띄어쓰기로도 '안'과 '않'을 구분할 수 있습니다. '안'은 뒷말과 띄어 쓰지만, '않'은 뒷말과 반드시 붙여서 씁니다.

병원에 안 가겠다.	VS	병원에 가지 않겠다.

 '안되다' 붙여 쓰는 경우

'안되다'가 동사와 형용사인 경우에는 한 낱말이므로 붙여 씁니다. '안되다'가 동사일 때는 '어떤 일이나 현상이 좋게 이루어지지 않다.'는 뜻이고, 형용사일 때는 '가엽고 불쌍해 보인다.'는 뜻입니다.

오늘따라 공부가 잘 안된다.

어디가 아픈지 얼굴이 안돼 보인다.

실전 문제 다음 밑줄 친 부분이 맞으면 'O'를 쓰고, 틀리면 맞게 고치세요.

01 현이는 아무렇지도 <u>않다는</u> 듯이 웃어 보였다.   (   )

02 아무리 밀어도 꿈쩍을 <u>안 합니다</u>.   (   )

03 <u>안 그래도</u> 속상한데 너까지 왜 그러냐?   (   )

04 동생은 가지 <u>안겠다고</u> 고집을 부렸다.   (   )

05 목욕을 오랫동안 <u>않했더니</u> 몸이 간지럽다.   (   )

06 실상은 그렇지 <u>안다는</u> 것을 알아야 한다.   (   )

07 어린 소녀가 고생하는 것을 보니 마음이 <u>않됐다</u>.   (   )

08 어제부터 강아지가 사료를 먹지 <u>않는다</u>.   (   )

4-1 풍부한 표현을 위한 고유어 익히기

 고유어 익히고 활용하기 1

손사래	손대중	손놀림	손때

01 손으로 쥐거나 들어 보아 어림으로 하는 헤아림. ( )

02 오랫동안 쓰고 매만져서 길이 든 흔적. ( )

03 어떤 말이나 사실을 부인하거나 남에게 조용히 하라고
할 때 손을 펴서 휘젓는 일. ( )

04 손을 이리저리 움직이는 일. ( )

 고유어 익히고 활용하기 2

선하품	선웃음	선떡	선발

01 우습지도 않은데 꾸며서 웃는 웃음. ( )

02 몸에 이상이 있거나 흥미 없는 일을 할 때 나오는 하품. ( )

03 집 안에서 종일 일하느라고 서서 돌아다니는 발. ( )

04 잘 익지 아니하고 설어서 푸슬푸슬한 떡. ( )

고유어 익히고 활용하기 3

| 설렁설렁 | 소복소복 | 곰비임비 | 긴가민가 |

01 쌓이거나 담긴 물건이 여럿이 다 볼록하게 많은 모양.　（　　　　　　　　）

02 무엇에 얽매이지 아니하고 가벼운 마음으로
일을 처리하거나 움직이는 모양.　　　　　　（　　　　　　　　）

03 그런지 그렇지 않은지 분명하지 않은 모양.　　（　　　　　　　　）

04 물건이 거듭 쌓이거나 일이 계속 일어남을 나타내는 말. （　　　　　　　　）

실전 문제　앞에서 배운 고유어를 이용하여 다음 빈칸을 채웁니다.

01 숙련된 재봉사는 재빠른 ☐☐☐으로 순식간에 옷을 완성했다.　☐☐☐

02 희준이는 사진만 찍으려고 하면 ☐☐☐를 친다.　☐☐☐

03 어머니는 명절이라 종일 부엌에서 ☐☐로 계셨다.　☐☐

04 급하게 떡을 만들었더니 ☐☐이 되었다.　☐☐

05 원래 안 좋은 일은 ☐☐☐☐ 일어난다.　☐☐☐☐

4-2 어휘력 키우는 비슷한 말과 반대말

 비슷한 말끼리 선 긋기 1

❶ 아니꼽다 ·   · ㉠ 방해되다

❷ 경쟁하다 ·   · ㉡ 주제넘다

❸ 거리끼다 ·   · ㉢ 특별하다

❹ 각별하다 ·   · ㉣ 각축하다

 비슷한 말끼리 선 긋기 2

❶ 개괄하다 ·   · ㉠ 부탁하다

❷ 방자하다 ·   · ㉡ 간추리다

❸ 간청하다 ·   · ㉢ 교만하다

❹ 능통하다 ·   · ㉣ 거침없다

 초성 퀴즈 1

01 배우 등이 옷이나 가발, 화장 등을 이용하여 극중 인물처럼 꾸밈.

ㅇ 이번 핼러윈 파티에 좀비 ☐☐을 하고 갔다.

ㅂ	ㅈ

02 불이 났을 때 불을 끄기 위하여 수도에 연결되어 물이 나오는 시설.

ㅇ 만약 화재가 발생하면 ☐☐☐에서 소방 호스를 꺼내 불을 꺼야 한다.

ㅅ	ㅎ	전

03 본래의 직업이 아닌, 돈을 벌기 위하여 남는 시간에 하는 일.

ㅇ 이모는 회사에 다니면서 ☐☐으로 인터넷 쇼핑몰을 운영한다.

ㅂ	ㅇ

04 앙심을 품고 서로 미워하는 사이.

ㅇ 우리는 서로 만나기만 하면 싸우는 ☐☐이다.

ㅇ	ㅅ

반대말끼리 선 긋기 1

❶ 균등 ・ ・ㄱ 수입품

❷ 극락 ・ ・ㄴ 실천

❸ 국산품 ・ ・ㄷ 차등

❹ 이론 ・ ・ㄹ 지옥

 반대말끼리 선 긋기 2

❶ 식목 ・ ・ㄱ 패전

❷ 수평선 ・ ・ㄴ 벌목

❸ 숭고 ・ ・ㄷ 지평선

❹ 승전 ・ ・ㄹ 저속

 초성 퀴즈 2

01 음악의 곡조를 여러 가지 글자나 음표 등을 써서 기록한 것.
예) 피아노를 연주하려면 우선 □□를 읽는 법부터 배워야 한다.

| ㅇ | ㅂ |

02 효모나 미생물에 의해 유기물이 분해되고 변화하는 작용.
예) 김치와 요구르트, 치즈는 모두 □□ 식품이다.

| ㅂ | ㅎ |

03 악하다는 소문이나 평판.
예) 그는 무자비한 독재자로 □□이 높았다.

| ㅇ | ㅁ |

04 놀이, 연극, 영화 따위에서 악인으로 분장하는 배역.
예) 그 배우는 강한 인상 때문에 □□을 주로 연기했다.

| ㅇ | ㅇ |

05 빌리거나 차지했던 것을 되돌려줌.
예) 정부는 해외로 반출된 우리 문화재의 □□을 요구했다.

| ㅂ | ㅎ |

4-3 신문 어휘로 독해력 키우기

독해력과 어휘력을 키우는 가장 좋은 방법은 신문을 읽는 것입니다. 하지만 신문에는 평소 사용하지 않는 어려운 낱말들이 많아 이해하기 어렵습니다. 정치, 경제, 환경 등의 신문 기사에서 접할 수 있는 다양한 어휘를 익히고, 활용해 보겠습니다.

신문에 나오는 어휘 익히기

아래 설명과 예문을 읽고 알맞은 낱말을 찾아 쓰세요. 해당 낱말의 한자와 뜻을 통해 낱말을 좀 더 정확하게 익히세요.

강수량	산지	발효	호우

01 ☐☐

들이 적고 산이 많은 지대.
㉠ ☐☐를 개간하여 농경지로 만들었다.

山 (산) 地 (땅)

02 ☐☐

줄기차게 내리는 크고 많은 비.
㉠ 장마철 ☐☐로 강이 불어났다.

豪 (호걸) 雨 (비)

03 ☐☐☐

일정한 지역에 비, 눈, 우박 등의 형태로 내린 물의 총량.
㉠ 이 지역은 ☐☐☐이 적어 물이 부족하다.

降 (내리다) 水 (물) 量 (헤아리다)

04 ☐☐

조약, 법, 공문서 따위의 효력이 나타남.
㉠ 특별법이 ☐☐되다.

發 (피다) 效 (본받다)

지형   돌풍   동반

05 [   ][   ] 갑자기 세게 부는 바람.
🔵 갑작스러운 □□에 학교 담장이 무너졌다.

突 風
갑자기 바람

06 [   ][   ] 어디를 가거나 무엇을 할 때 함께 짝을 함.
🔵 이번 태풍은 폭풍을 □□할 것으로 예상된다.

同 伴
한가지 짝

07 [   ][   ] 땅의 생긴 모양이나 형세.
🔵 그는 이곳 토박이라 근처의 □□을 잘 안다.

地 形
땅 모양

 알맞은 낱말 넣어 신문 기사 완성하기

앞에서 배운 어휘를 활용하여 다음 신문 기사를 완성하세요.

△△신문

20△△년 △월 창간	NEWSPAPER	경기도 꿈씨앗동 123-4567

강원도 일부 '호우주의보' 발효

강원 북부 산지와 동해안 일부 지역에 (   )주의보가 (   )됐다. 9일 오전 6시 현재 속초 65mm, 양양 30mm, 춘천 15mm의 (   )을 기록했다. 이 지역을 중심으로 내일 밤까지 20~50mm가 더 내릴 것으로 보인다. 높은 (   )의 경우 안개가 짙게 끼는 곳도 있겠다.

4-4 한자 원리로 쉽게 배우기

水(물 수)는 물이 흐르는 모습을 본떠 만든 한자입니다. 주로 물과 관련된 한자에 들어갑니다. 지금부터 '水(물 수)'가 들어가는 한자에 대해 배워 보겠습니다.

水(氵)
물 수

01

氷 얼음 빙

水 물 수 + 丶 점 주

水(물 수) 위에 한 덩어리인 丶(점 주)가 더해져, 물이 얼어 한 덩어리 얼음이 된다는 뜻의 氷(얼음 빙)이 됩니다.

氷 얼음 빙				

02

永 길다 영

丶 점 주 + 水 물 수

한 방울을 뜻하는 丶(점 주)와 水(물 수)가 합쳐져, 오랜 시간 한 방울 한 방울의 물이 모여서 강과 바다를 이루는 것을 의미하는 永(길다 영)이 됩니다.

永 길다 영				

03

注 붓다 주

氵 물 수 + 主 주인 주

水(물 수)와 主(주인 주)가 합쳐져 논밭에 주인이 물을 붓는다는 뜻의 注(붓다 주)가 됩니다.

注 붓다 주				

실전 문제 다음 밑줄 친 **한자**를 **한글**로 바꿔 쓰세요.

01 태양열 에너지는 <u>永久的</u> 사용이 가능하다. (   )
오랫동안 변하지 않고 계속되는 것.

02 지구 온난화로 인해 <u>氷河</u>가 점점 녹고 있다. (   )
추운 지역에서 육지를 덮고 있는 큰 얼음덩어리.

03 보건소에서 독감 <u>注射</u>를 맞았다. (   )
주사기로 사람이나 동물의 조직이나 혈관에 액체로 된 약물을 넣는 일.

한자 익히고 활용하기

다음 내용을 읽고 아래에 있는 한자와 '水(수)'를 조합하여 알맞은 한글과 한자를 쓰세요.

分	産	生	氣
나누다 **분**	자라다 **산**	나다, 살다 **생**	기운 **기**

01 수박은 [ ][ ]이 풍부한 과일이다.

물의 축축한 기운.

[ ][ ]   한글 ——→ 한자   [ ][ ]

02 물속에서 자라는 식물을 통틀어 [ ][ ] 식물이라고 한다.

생물이 물속에서 남.

[ ][ ]   한글 ——→ 한자   [ ][ ]

03 싱싱한 생선을 사기 위해 [ ][ ][ ] 시장에 갔다.

바다나 민물에서 나는 물고기나 조개, 해초 따위의 물품.

[ ][ ][물]   한글 ——→ 한자   [ ][ ][物]

04 주전가가 [ ][ ][ ] 를 내며 끓고 있다.

물이 증발하여 기체 상태로 된 것.

[ ][증][ ]   한글 ——→ 한자   [ ][蒸][ ]

4-5 사자성어로 배우는 삶의 지혜

사자성어는 어떤 상황이나 사람의 마음을 빗대어 표현한 것으로, 일상생활이나 글에 많이 사용됩니다.
다음 사자성어의 설명을 읽고, 각각의 한자와 뜻, 음을 따라 쓰면서 익히세요.

01 다른 산에서 나는 돌을 뜻합니다. 다른 사람의 실수나 잘못을 살펴보는 것도, 나의 지혜와 덕을 쌓는 데 큰 도움이 된다는 의미의 사자성어입니다.

타	산	지	석
他	山	之	石
다르다	산	~의	돌

※之는 '가다'라는 뜻의 한자가 아니라, '~의'를 뜻하는 조사입니다.

02 중국 국경에 사는 한 노인의 말이 복이 되기도 하고, 반대로 화가 되기도 한 이야기에서 유래했습니다. 나쁜 일이 있으면 좋은 일도 있다는 뜻으로 인생은 언제 어떻게 될지 알 수 없다는 의미입니다.

새	옹	지	마
塞	翁	之	馬
변방	늙은이	~의	말

※之는 '가다'라는 뜻의 한자가 아니라, '~의'를 뜻하는 조사입니다.

연습하기 다음 사자성어의 한자와 뜻을 따라 쓰고 한글로 쓰세요.

他	山	之	石
다르다	산	~의	돌

塞	翁	之	馬
변방	늙은이	~의	말

03 자신의 몸을 죽여 인(仁)을 이룬다는 뜻으로, 여기에서 '인(仁)'은 남을 사랑하고 어질게 행동하는 것을 나타냅니다. 큰 뜻이나 다른 사람을 위해 자신을 희생한 경우 사용하는 사자성어입니다.

살	신	성	인
殺	身	成	仁
죽이다	몸	이루다	어질다

04 눈 위에 서리가 더해진다는 뜻입니다. 눈이 와서 미끄러운데, 서리까지 내리면 더욱 힘들겠지요. 좋지 않은 일이 연거푸 일어날 때 사용합니다.

설	상	가	상
雪	上	加	霜
눈	위	더하다	서리

연습하기 다음 사자성어의 한자와 뜻을 따라 쓰고 한글로 쓰세요.

殺	身	成	仁
죽이다	몸	이루다	어질다

雪	上	加	霜
눈	위	더하다	서리

실전 문제 다음 내용을 읽고 알맞은 사자성어를 쓰세요.

01 나라를 위해  하신 호국 영령들에게 감사의 시간을 가졌다.

02 약속 시각에 늦었는데  으로 길까지 막혔다.

03 이 일을 ⬚⬚⬚⬚ 으로 삼아 앞으로는 같은 잘못을 하지 마라.

4-6 문장을 구성하는 문장 성분

단어만으로 뜻을 정확하게 전달하기는 어렵습니다. 단어들이 모여 이루어진 문장은 우리의 생각이나 감정을 표현하는 최소 단위입니다. 이번에는 문장을 구성하는 여러 문장 성분에 대해 배워 보겠습니다.

문장 성분 분류하기

문장을 구성하면서 일정한 역할을 하는 것을 '문장 성분'이라고 합니다. 문장 성분은 크게 '주성분, 부속 성분, 독립 성분'으로 나눌 수 있습니다. 주성분에는 문장을 이루는 데 꼭 필요한 '주어, 서술어, 목적어, 보어'가 있고, 부속 성분에는 다른 문장 성분을 꾸며 주는 '관형어, 부사어'가 있습니다. 그리고 독립 성분에는 문장 안에서 독립적으로 쓰이는 '독립어'가 있습니다.

문장에서 주어 익히기

주어는 한자로 '主(주인 주)'와 '語(말씀 어)'가 결합한 말로, 글자 그대로 풀이하면 '주인인 말'입니다. 즉 문장에서 서술어가 나타내는 동작이나 상태의 주체가 되는 말을 뜻합니다. 보통 '누가, 무엇이'가 주어에 해당합니다. 만약 다음 예문에서 주어가 없다면, 누가 헤엄을 치는지를 알 수 없습니다.

문장에서 서술어 익히기

주어의 동작, 상태, 성질 등을 설명해 주는 문장 성분을 '서술어'라고 합니다. 서술어는 문장에서 '어찌하다, 어떠하다, 무엇이다'에 해당하는 말입니다. 다음 예문에서 '먹는다, 푸르다, 연필이다' 등이 서술어입니다.

• 연이가 사과를 <u>**먹는다**</u>.

　　　　　　　　　　　　　　서술어 (어찌하다)

• 하늘이 매우 <u>**푸르다**</u>.

　　　　　　　　　　　　　　서술어 (어떠하다)

• 이것은 <u>**연필이다**</u>.

　　　　　　　　　　　　　　서술어 (무엇이다)

실전 문제 1　다음 문장에서 주어를 찾아 ○표를 하세요.

01　오늘부터 축제가 시작된다.

02　밤새 비바람이 세차게 불었다.

03　일어서지 못할 정도로 다리가 아팠다.

실전 문제 2　다음 문장에서 서술어를 찾아 ○표를 하세요.

01　밤사이 눈이 많이 내렸다.

02　나의 장래 희망은 생명공학자이다.

03　동생은 개구쟁이다.

맞춤법 · 어휘력 국어 실력 5단원

5-1 풍부한 표현을 위한 고유어 익히기

 고유어 익히고 활용하기 1

소나기밥	푸성귀	고두밥	주전부리

01 사람이 가꾼 채소나 저절로 난 나물 따위를 통틀어
이르는 말. ( )

02 때를 가리지 아니하고 군음식을 자꾸 먹음. ( )

03 물기가 없이 아주 되게 지어져 고들고들한 밥. ( )

04 보통 때에는 얼마 먹지 아니하다가 갑자기 많이 먹는 밥. ( )

 고유어 익히고 활용하기 2

맵시	바지춤	허우대	매무시

01 옷을 입을 때 매고 여미는 따위의 뒷단속. ( )

02 아름답고 보기 좋은 모양새. ( )

03 겉으로 드러난 체격. 주로 크거나 보기 좋은
체격을 이름. ( )

04 입은 바지의 허리 부분을 접어 여민 사이. ( )

고유어 익히고 활용하기 3

| 소록소록 | 서슴서슴 | 새록새록 | 불현듯이 |

01 갑자기 어떠한 생각이 걷잡을 수 없이 일어나는 모양.　（　　　　　）

02 말이나 행동을 선뜻 결정하지 못하고 자꾸
머뭇거리는 모양.　（　　　　　）

03 어떤 생각이나 느낌이 거듭하여 새롭게 생기는 모양.　（　　　　　）

04 비나 눈 따위가 보슬보슬 내리는 모양.　（　　　　　）

실전 문제　앞에서 배운 고유어를 이용하여 다음 빈칸을 채웁니다.

01 신선한 채소를 먹기 위해 텃밭에 ⬚⬚⬚ 를 심었다.

02 밥솥에 물을 너무 적게 넣어 ⬚⬚⬚ 이 되었다.

03 그는 ⬚⬚⬚ 는 멀쩡한데 하는 일은 영 어설펐다.

04 아버지는 ⬚⬚⬚ 에서 돈을 꺼내 나에게 주셨다.

05 앞서 걷던 친구가 ⬚⬚⬚⬚ 뒤를 돌았다.

5-2 어휘력 키우는 비슷한 말과 반대말

비슷한 말끼리 선 긋기 1

❶ 지장　　·　　·　㉠ 재차

❷ 멍석　　·　　·　㉡ 장해

❸ 거장　　·　　·　㉢ 거목

❹ 거듭　　·　　·　㉣ 거적

비슷한 말끼리 선 긋기 2

❶ 연마　　·　　·　㉠ 거처

❷ 거주지　·　　·　㉡ 단련

❸ 번민　　·　　·　㉢ 간격

❹ 간극　　·　　·　㉣ 고뇌

초성 퀴즈 1

01 남에게 매여 그 밑에서 끄나풀 노릇을 하는 사람.
　　예 그는 일제의 □□□ 노릇을 한 친일파였다.

ㅇ	ㅈ	ㅇ

02 항구로 밀려드는 물결을 막기 위해 바다에 쌓은 둑.
　　예 다행히 □□□가 큰 파도를 막아 주어 항구 쪽은 안전했다.

ㅂ	ㅍ	ㅈ

03 전염병이 발생하거나 유행하는 것을 미리 막는 일.
　　예 조류 인플루엔자를 막기 위해 □□에 더욱 힘써야 한다.

ㅂ	ㅇ

04 병력 또는 무기를 바탕으로 하는 군사상의 힘.
　　예 의병들은 외세의 침략을 □□으로 대항하였다.

ㅁ	ㄹ

반대말끼리 선 긋기 1

① 급증 · · ㉠ 종말

② 길조 · · ㉡ 급감

③ 시초 · · ㉢ 이완

④ 긴장 · · ㉣ 흉조

 반대말끼리 선 긋기 2

① 모욕 · · ㉠ 영예

② 기상 · · ㉡ 취침

③ 고의적 · · ㉢ 비보

④ 희소식 · · ㉣ 우발적

 초성 퀴즈 2

01 산이나 숲에 있는 나무를 베어 냄.
例 무분별한 ☐☐으로 많은 산림이 파괴되었다.

ㅂ	ㅁ

02 배를 젓는 일을 직업으로 하는 사람.
例 ☐☐이 부지런히 노를 저은 덕분에 금세 강을 건넜다.

ㅅ	ㄱ

03 미생물의 활동을 막아 음식이나 화장품, 약품 등이 썩지 않게 하는 물질.
例 이 식품은 ☐☐☐가 들어 있지 않아 유통 기한이 짧다.

ㅂ	ㅂ	ㅈ

04 장난이 몹시 심한 아이.
例 내 동생은 매일 사고를 치는 못 말리는 ☐☐이다.

ㅇ	ㄷ

05 총에서 총알을 발사하게 하는 장치.
例 사냥꾼은 멧돼지를 조준하고 ☐☐☐를 당겼다.

ㅂ	ㅇ	ㅅ

5-3 신문 어휘로 독해력 키우기

독해력과 어휘력을 키우는 가장 좋은 방법은 신문을 읽는 것입니다. 하지만 신문에는 평소 사용하지 않는 어려운 낱말들이 많아 이해하기 어렵습니다. 정치, 경제, 환경 등의 신문 기사에서 접할 수 있는 다양한 어휘를 익히고, 활용해 보겠습니다.

 신문에 나오는 어휘 익히기

아래 설명과 예문을 읽고 알맞은 낱말을 찾아 쓰세요. 해당 낱말의 한자와 뜻을 통해 낱말을 좀 더 정확하게 익히세요.

명시	진상	호소	처우

01 ☐☐

자신의 어렵거나 억울한 사정을 다른 사람에게 알려 도움을 청함.

예 공사장 소음으로 인한 고통을 ☐☐했다.

呼 訴
부르다 호소하다

02 ☐☐

형편과 처지에 맞춰 대우함.

예 열악한 근로자의 ☐☐를 개선하기로 했다.

處 遇
곳 만나다

03 ☐☐

분명하게 드러내 보임.

예 입장권에 가격이 ☐☐되어 있다.

明 示
밝다 보이다

04 ☐☐

잘못 알려지거나 감추어진 사실.

예 경찰이 사건의 ☐☐을 밝혔다.

眞 相
참 서로

신뢰	교체	폭로

05

알려지지 않았거나 감춰져 있던 사실을 드러냄.

예 그 정치인의 정체가 만천하에 □□되었다.

暴 露
사납다 이슬

06

사람이나 사물을 다른 사람이나 사물로 대신함.

예 발목을 부상당한 선수가 다른 선수로 □□되었다.

交 替
사귀다 바꾸다

07

굳게 믿고 의지함.

예 부부는 서로 간의 □□가 가장 중요하다.

信 賴
믿다 의지하다

 알맞은 낱말 넣어 신문 기사 완성하기

앞에서 배운 어휘를 활용하여 다음 신문 기사를 완성하세요.

△△신문

20△△년 △월 창간　　　　　　NEWSPAPER　　　　　　경기도 꿈씨앗동 123-4567

A팀 사태 '특별 감사팀' 구성

A팀이 지도자들에게 부당한 (　　　)를 받았다고 (　　　)한 것과 관련해 특별 감사가

이루어진다. 경기도는 감사관, 외부 인사 등이 참여한 특별 감사팀을 꾸려 (　　　)

조사에 나서기로 했다고 밝혔다. 경기도는 해당 협회 관계자들을 상대로 탄원서

에 (　　　)된 내용 등을 살펴 협회 운영 전반에 대한 문제점을 파악하기로 했다.

5-4 한자 원리로 쉽게 배우기

山(산 산)은 세 개의 봉우리가 솟은 모습을 본떠 만든 한자로, 산과 관련된 한자에 들어갑니다. 지금부터 '山(산 산)'이 들어가는 한자에 대해 배워 보겠습니다.

山
산(메, 뫼) 산

01

仙 신선 선

亻사람 인 + 山 산 산

人, 亻(사람 인)과 山(산 산)이 합쳐져, 산에 사는 사람을 의미하는 仙(신선 선)이 됩니다.

仙 신선 선					

02

出 나가다 출

山 산 산 + 山 산 산

山(산 산)과 山(산 산)이 합쳐져, 산을 넘고 또 산을 넘어야 나갈 수 있다는 의미의 出(나가다 출)이 됩니다.

出 나가다 출					

03

屈 굽히다 굴

尸 주검 시 + 出 나가다 출

尸(주검 시)와 出(나가다 출)이 합쳐져, 굽히다, 쇠퇴하다는 뜻의 屈(굽히다 굴)이 됩니다.

屈 굽히다 굴					

실전 문제 다음 밑줄 친 **한자**를 **한글**로 바꿔 쓰세요.

01 그는 깊은 산속에서 神仙처럼 살고 있다. (   )
인간 세계를 떠나 도(道)를 닦으며 자연과 벗하며 산다는 상상의 사람.

02 건물을 빠져나가기 위해 出口를 찾아 헤맸다. (   )
밖으로 나갈 수 있는 통로.

03 그는 일제의 탄압에 屈服하지 않았다. (   )
힘이 모자라서 주장이나 뜻을 굽히고 복종함.

한자 익히고 활용하기

다음 내용을 읽고 아래에 있는 한자와 '山(산)'을 조합하여 알맞은 한글과 한자를 쓰세요.

氷	脈	鑛	所
얼음 빙	줄기 맥	쇳돌 광	바 소

01 우리나라 ☐☐ 은 남북으로 길게 뻗어 있다.

큰 산들이 길게 이어져 큰 줄기를 이루고 있는 것.

☐☐   한글 ——→ 한자   ☐☐

02 명절에는 할아버지 ☐☐ 를 찾아 성묘를 한다.

사람의 무덤을 높이는 말.

☐☐   한글 ——→ 한자   ☐☐

03 증조할아버지는 ☐☐ 에서 석탄을 캐던 광부였다.

석탄, 철, 금, 은 따위의 광물을 캐내는 곳.

☐☐   한글 ——→ 한자   ☐☐

04 빙하에서 떨어진 큰 ☐☐ 들이 바다 위를 떠다닌다.

북극이나 남극의 빙하에서 떨어져 나와 바다에 떠다니는 얼음덩어리.

☐☐   한글 ——→ 한자   ☐☐

5-5 사자성어로 배우는 삶의 지혜

사자성어는 어떤 상황이나 사람의 마음을 빗대어 표현한 것으로, 일상생활이나 글에 많이 사용됩니다. 다음 사자성어의 설명을 읽고, 각각의 한자와 뜻, 음을 따라 쓰면서 익히세요.

01 말이 왔다 갔다 한다는 뜻으로, 서로의 생각이나 의견이 달라 말로 옥신각신하는 모습을 표현할 때 사용하는 사자성어입니다.

설	왕	설	래
說	往	說	來
말씀	가다	말씀	오다

02 묶인 손으로는 어떠한 계책도 세울 수 없다는 뜻입니다. 손이 묶인 채로는 아무것도 할 수가 없는 것처럼, 어떤 문제가 발생했을 때 어떠한 시도도 할 수 없는 답답한 상황을 가리킵니다.

속	수	무	책
束	手	無	策
묶다	손	없다	꾀

연습하기 다음 사자성어의 한자와 뜻을 따라 쓰고 한글로 쓰세요.

說	往	說	來
말씀	가다	말씀	오다

束	手	無	策
묶다	손	없다	꾀

03 손을 소매에 넣고 곁에서 구경만 한다는 뜻입니다. 어떤 문제가 발생했을 때 도우려는 마음 없이 지켜만 보고 있는 상황에서 사용하는 사자성어입니다.

수	수	방	관
袖	手	傍	觀
소매	손	곁	보다

04 도요새가 부리를 조개 입 속에 넣자, 조개가 입을 다물어 둘 다 어쩌지 못하는 상황에서, 지나가던 어부가 이 둘을 잡아 이득을 취한 이야기에서 유래하였습니다. 둘 사이의 다툼을 틈타 제삼자가 이익을 취할 때 사용합니다.

어	부	지	리
漁	夫	之	利
고기 잡다	지아비	~의	이득

연습하기 다음 사자성어의 한자와 뜻을 따라 쓰고 한글로 쓰세요.

袖	手	傍	觀
소매	손	곁	보다

漁	夫	之	利
고기 잡다	지아비	~의	이득

실전 문제 다음 내용을 읽고 알맞은 고사성어를 쓰세요.

01 1, 2위가 넘어지는 바람에  로 3위 선수가 금메달을 차지했다.

02 회의 시간 내내  만 하다 결론을 내지 못했다.

03 밤사이 내린 기습적인 폭우여서  으로 당할 수밖에 없었다.

5-6 문장의 주성분인 '목적어'와 '보어'

이번에는 문장을 구성하는 주성분 중에서 '목적어'와 '보어'에 대해 배워 보겠습니다.

문장에서 목적어 익히기

목적어는 서술어의 동작 대상이 되는 문장 성분으로 문장에서 '누구를, 무엇을'에 해당하는 말입니다. 다음 예문에서는 '무엇을'을 나타내는 '기차를'과 '누구를'을 나타내는 '고모를'이 목적어입니다. 목적어에는 조사 '을/를'이 붙기 때문에 쉽게 찾을 수 있습니다. 만약 목적어가 없다면 주어가 '무엇을' 만드는지, '누구를' 좋아하는지 알 수 없습니다.

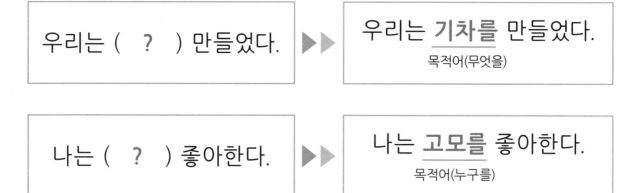

우리는 (?) 만들었다. ▶▶	우리는 **기차를** 만들었다. 목적어(무엇을)
나는 (?) 좋아한다. ▶▶	나는 **고모를** 좋아한다. 목적어(누구를)

목적어 강조하기

목적어는 서술어의 대상이므로 문장에서 주로 서술어의 앞에 옵니다. 하지만 특별히 목적어를 강조하고 싶을 때는 문장 맨 앞부분에 쓰기도 합니다.

동생이 **농구공을** 가져갔다. ▶▶	**농구공을** 동생이 가져갔다.

문장에서 보어 익히기

보어는 한자인 '補(돕다 보)'와 '語(말씀 어)'가 결합한 말로, 한자 뜻 그대로 '도와주는 말'을 뜻하는 문장 성분입니다. 서술어 '-되다, -아니다' 앞에 위치해 '무엇이' 되는지, '무엇이' 아닌지를 보여 줍니다. 보어에는 조사 '이/가'가 붙는데, 주어에도 조사 '이/가'가 붙기 때문에 헷갈리지 않도록 주의합니다.

• 애벌레가 **나비가** 되었다.
　　　　　　보어

• 언니는 **중학생이** 된다.
　　　　　　보어

• 그는 **학생이** 아니다.
　　　　보어

• 은지는 **회장이** 아니다.
　　　　　보어

실전 문제 1　문장에서 목적어를 찾아 ○표 하세요.

01　누렁이가 새끼를 낳았다.

02　우리가 운동장에 쌓여 있는 쓰레기를 치웠다.

03　아버지께서 맛있는 피자를 사 오셨다.

실전 문제 2　문장에서 보어를 찾아 ○표 하세요.

01　나는 선생님이 아니다.

02　언니는 곧 중학생이 된다.

03　이곳은 앞으로 박물관이 될 것이다.

맞춤법·어휘력 국어 실력 6단원

 6-1 풍부한 표현을 위한 고유어 익히기

 고유어 익히고 활용하기 1

| 삯바느질 | 오지랖 | 자투리 | 쌈지 |

01 자로 재어 팔거나 재단하다가 남은 천의 조각. ( )

02 품값을 받고 해 주는 바느질. ( )

03 담배나 돈 등을 넣어서 다니는 작은 주머니. ( )

04 웃옷이나 윗도리에 입는 겉옷의 앞자락. ( )

 고유어 익히고 활용하기 2

| 복사뼈 | 오금 | 명치 | 장딴지 |

01 무릎의 구부러지는 오목한 안쪽 부분. ( )

02 종아리의 살이 불룩한 부분. ( )

03 가슴뼈 아래 한가운데의 오목하게 들어간 곳. ( )

04 발목 부근에 안팎으로 둥글게 나온 뼈. ( )

고유어 익히고 활용하기 3

| 깨작깨작 | 깜냥깜냥 | 노닥노닥 | 꾸역꾸역 |

01 자신의 힘을 다하여.　　　　　　　　　　　　　　(　　　　　　　)

02 글씨나 그림 따위를 아무렇게나 자꾸 그리거나
쓰는 모양.　　　　　　　　　　　　　　　　　　(　　　　　　　)

03 음식 따위를 한꺼번에 입에 많이 넣고 잇따라 씹는 모양.　(　　　　　)

04 조금 수다스럽게 자꾸 재미있는 말을 늘어놓는 모양.　(　　　　　　)

실전 문제　앞에서 배운 고유어를 이용하여 다음 빈칸을 채웁니다.

01 옷을 만들고 남은 헝겊 ☐☐☐ 를 모아 방석을 만들었다.

02 그 애는 ☐☐☐ 이 넓어서 온 동네일은 다 참견한다.

03 오랜 시간 동안 쪼그려 앉았더니 ☐☐ 이 저렸다.

04 달리기가 끝나자 ☐☐ 가 답답하고 숨이 막혔다.

05 글씨를 ☐☐☐☐ 쓰지 말고 또박또박 써라.

6-2 어휘력 키우는 비슷한 말과 반대말

 비슷한 말끼리 선 긋기 1

❶ 곯다 ·　　　　　· ㄱ 토하다

❷ 게우다 ·　　　　　· ㄴ 상하다

❸ 관대하다 ·　　　　· ㄷ 맴돌다

❹ 감돌다 ·　　　　　· ㄹ 인자하다

 비슷한 말끼리 선 긋기 2

❶ 관망하다 ·　　　　· ㄱ 우직하다

❷ 구호하다 ·　　　　· ㄴ 주시하다

❸ 감당하다 ·　　　　· ㄷ 처리하다

❹ 고지식하다 ·　　　· ㄹ 구제하다

 초성 퀴즈 1

01 달이 태양의 일부나 전부를 가리는 현상.

　⟨예⟩ 오늘 오전에 해가 둥근 달에 가려지는 □□을 관찰했다.

ㅇ	ㅅ

02 남에게 해를 입은 것에 대한 복수로 상대방에게도 해를 입힘.

　⟨예⟩ 그는 자신을 비웃은 사람들에게 반드시 □□□을 하리라 다짐했다.

ㅇ	ㄱ	음

03 어떤 일로 인해 일어나는 바람직하지 못한 일.

　⟨예⟩ 약을 장기간 먹으면 □□□이 나타날 수 있다.

ㅂ	ㅈ	ㅇ

04 어느 한 자리에 박혀 있어서 움직임이 없는 상태.

　⟨예⟩ 내 방 벽에는 □□□ 책상이 있었다.

ㅂ	ㅂ	ㅇ

반대말끼리 선 긋기 1

① 무궁하다 ·   · ㄱ 예리하다

② 무디다 ·   · ㄴ 마땅하다

③ 한갓지다 ·   · ㄷ 유한하다

④ 마땅찮다 ·   · ㄹ 번잡하다

 반대말끼리 선 긋기 2

① 무식한 ·   · ㄱ 확연한

② 모호한 ·   · ㄴ 박식한

③ 허비하다 ·   · ㄷ 명랑하다

④ 침울하다 ·   · ㄹ 절약하다

 초성 퀴즈 2

01 갑작스러운 사고가 났을 때 밖으로 나갈 수 있도록 하는 출입구.
   예 화재 경보가 울리면 □□□를 통해 빠져나가야 한다.

ㅂ	ㅅ	ㄱ

02 병원이나 가정에 늘 준비해 두는 약품.
   예 소화제나 해열제는 □□□으로 항상 준비해 두는 것이 좋다.

ㅅ	ㅂ	ㅇ

03 건물이나 동굴, 무덤 등의 벽에 그린 그림.
   예 동굴에 그려진 □□를 통해 고대인들의 생활을 짐작할 수 있다.

ㅂ	ㅎ

04 건강을 위하여 숲에서 산책하거나 숲의 기운을 쐬는 일.
   예 수목원은 □□□을 즐기려는 사람들로 북적였다.

ㅅ	ㄹ	ㅇ

05 자기 나라의 영토나 영해에서 석유를 생산하는 나라.
   예 중동은 석유를 생산하는 최대의 □□□이다.

ㅅ	ㅇ	ㄱ

6-3 신문 어휘로 독해력 키우기

독해력과 어휘력을 키우는 가장 좋은 방법은 신문을 읽는 것입니다. 하지만 신문에는 평소 사용하지 않는 어려운 낱말들이 많아 이해하기 어렵습니다. 정치, 경제, 환경 등의 신문 기사에서 접할 수 있는 다양한 어휘를 익히고, 활용해 보겠습니다.

신문에 나오는 어휘 익히기

아래 설명과 예문을 읽고 알맞은 낱말을 찾아 쓰세요. 해당 낱말의 한자와 뜻을 통해 낱말을 좀 더 정확하게 익히세요.

간담회	추진	현안	돌파구

01 ☐☐ 목표를 향해 일을 계속 밀고 나아감.
例 방학에 여행을 가려고 ☐☐ 중이다.

推 밀다　進 나아가다

02 ☐☐☐ 친밀하고 진지하게 이야기하면서 서로의 의견을 나누는 모임.
例 회사에서 개최한 ☐☐☐에 참석했다.

懇 간절하다　談 말씀　會 모이다

03 ☐☐☐ 곤란한 문제 따위를 해결하는 실마리.
例 우리 축구팀이 공격의 ☐☐☐를 찾았다.

突 갑자기　破 깨뜨리다　口 입

04 ☐☐ 아직 해결되지 않은 채 남아 있는 문제.
例 쓰레기장 문제를 가장 시급한 ☐☐으로 꼽았다.

懸 매달다　案 책상

진출	공로	창출

05 ☐☐ 어떤 일을 마치거나 목적을 이루는 데 들인 노력과 수고.

㉠ 그분이 학교 발전에 기여한 ☐☐가 크다.

功 勞
공　일하다

06 ☐☐ 전에 없던 것을 처음으로 생각하여 지어내거나 만들어 냄.

㉠ 남북 간의 경제 협력으로 새로운 일자리 ☐☐이 기대된다.

創 出
비롯하다　나다

07 ☐☐ 어떤 방면으로 활동 범위나 세력을 넓혀 나아감.

㉠ 우리 회사는 해외 시장 ☐☐에 총력을 쏟고 있다.

進 出
나아가다　나다

 알맞은 낱말 넣어 신문 기사 완성하기

앞에서 배운 어휘를 활용하여 다음 신문 기사를 완성하세요.

△△신문

20△△년 △월 창간　　　　NEWSPAPER　　　　경기도 꿈씨앗동 123-4567

△△△ 해외 사업 재추진 결정

새 정부 들어 주춤거렸던 △△△ 해외 사업에 (　　　　)가 마련됐다. 경북도는 대통령이 △△△ 해외 사업을 계속하도록 지시함에 따라 국비 지원을 통해 사업을 지속해서 (　　　　)하겠다고 밝혔다. 경북도는 대통령이 지난 12일 열린 경북 경제인 (　　　　)에서 지역 (　　　　)을 보고받은 뒤 이같이 지시했다고 덧붙였다.

6-4 한자 원리로 쉽게 배우기

人(사람 인)은 서 있는 사람을 본떠 만든 한자입니다. 다른 한자에 포함되어 왼쪽에 올 때는 '亻' 모양이 됩니다. 또한 人(사람 인)은 '다른 사람'을 가리키는 경우에도 사용됩니다.

사람 **인**

01

休 쉬다 휴

亻 사람 인 + 木 나무 목

亻(사람 인)과 나무를 뜻하는 木(나무 목)이 합쳐져, 사람이 나무에 기대어 쉰다는 뜻의 休(쉬다 휴)가 됩니다.

休 쉬다 휴					

02

仁 어질다 인

亻 사람 인 + 二 두 이

亻(사람 인)과 둘을 의미하는 二 (두 이)가 합쳐져, 사람 둘이 만나면 어질게 대해야 한다는 뜻의 仁(어질다 인)이 됩니다.

仁 어질다 인					

03

信 믿다 신

亻 사람 인 + 言 말씀 언

亻(사람 인)과 言(말씀 언)이 합쳐져, 사람의 말에는 믿음이 있어야 한다는 뜻의 信(믿다 신)이 됩니다.

信 믿다 신					

실전 문제 다음 밑줄 친 **한자**를 **한글**로 바꿔 쓰세요.

01 어머니는 독실한 천주교 <u>信者</u>였다. ( )
특정한 종교를 믿는 사람.

02 그 빵집은 추석 <u>連休</u> 동안 문을 닫았다. ( )
휴일이 이틀 이상 계속되는 일.

03 할머니가 <u>仁慈</u>한 목소리로 내 이름을 부르셨다. ( )
마음이 어질고 자애로움.

한자 익히고 활용하기

다음 내용을 읽고 아래에 있는 한자와 '人(인)'을 조합하여 알맞은 한글과 한자를 쓰세요.

類	權	材	工
무리 **류**	권한 **권**	재목 **재**	장인 **공**

01 까마득한 옛날, 아프리카 초원에서 최초의 [　　] 가 나타났다.

전 세계의 모든 사람. 사람을 다른 동물과 구별하여 이르는 말.

[　　]　　한글 ⟶ 한자　　[　　]

02 새로 짓고 있는 공원에 [　　] 폭포가 만들어진다고 한다.

자연적인 것이 아니라 사람의 힘으로 가공하여 만들어 낸 것.

[　　]　　한글 ⟶ 한자　　[　　]

03 모든 회사가 우수한 [　　] 를 발굴하고자 한다.

어떤 일을 할 수 있는 학식이나 능력을 갖춘 사람.

[　　]　　한글 ⟶ 한자　　[　　]

04 집단의 이익을 위해 개인의 [　　] 을 침해해서는 안 된다.

인간으로서 당연히 가지는 기본적 권리.

[　　]　　한글 ⟶ 한자　　[　　]

6-5 사자성어로 배우는 삶의 지혜

사자성어는 어떤 상황이나 사람의 마음을 빗대어 표현한 것으로, 일상생활이나 글에 많이 사용됩니다. 다음 사자성어의 설명을 읽고, 각각의 한자와 뜻, 음을 따라 쓰면서 익히세요.

01 말 속에 뼈가 있다는 뜻입니다. 상대방의 잘못에 대해 명백하게 지적하지 않고 부드럽게 말하지만, 그 안에 어떤 의도나 비판이 있을 때 사용하는 사자성어입니다.

언	중	유	골
言	中	有	骨
말씀	가운데	있다	뼈

02 상대방의 처지나 입장을 바꾸어 생각한다는 뜻입니다. 어떤 상황이 발생했을 때, 상대방의 입장이 되어 생각한다면 그 사람을 더 잘 이해할 수 있다는 의미의 사자성어입니다.

역	지	사	지
易	地	思	之
바꾸다	땅	생각하다	그것

※'之'는 '그것'을 뜻하는 지시 대명사로 쓰였습니다.

연습하기 다음 사자성어의 한자와 뜻을 따라 쓰고 한글로 쓰세요.

言	中	有	骨
말씀	가운데	있다	뼈

易	地	思	之
바꾸다	땅	생각하다	그것

03 겉으로는 부드러워 보이지만 속은 굳세다는 뜻입니다. 착하고 약해 보이는 외모와 달리, 어려운 일이 있을 때 적극적이고 강한 모습을 보이는 사람에게 사용합니다.

외	유	내	강
外	柔	內	剛
밖	부드럽다	안	굳세다

04 용의 머리와 뱀의 꼬리라는 뜻입니다. 처음은 아주 거창하게 시작하지만, 끝으로 갈수록 잘하지 못하는 경우에 사용하는 사자성어입니다.

용	두	사	미
龍	頭	蛇	尾
용	머리	뱀	꼬리

연습하기 다음 사자성어의 한자와 뜻을 따라 쓰고 한글로 쓰세요.

外	柔	內	剛
밖	부드럽다	안	굳세다

龍	頭	蛇	尾
용	머리	뱀	꼬리

실전 문제 다음 내용을 읽고 알맞은 사자성어를 쓰세요.

01 방학 때마다 거창한 계획을 세웠지만, 실천은 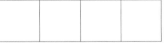 에 그쳤다.

02 아버지는  으로, 겉보기에는 부드럽지만 매우 엄격하셨다.

03 서로 [ ][ ][ ][ ] 의 마음을 갖는다면 해결점을 찾을 것이다.

6-6 문장을 자세하게 만드는 부속 성분

주성분만으로 설명하기 부족한 경우 여러 부속 성분을 이용하여 문장을 좀 더 자세하게 쓸 수 있습니다. 부속 성분이란 다른 문장 성분을 꾸며 주는 역할을 하는 문장 성분으로, '관형어'와 '부사어'가 있습니다.

 부속 성분 관형어 익히기

관형어에서 '관'은 한자로 '冠(갓 관)', 즉 머리에 쓰는 물건을 의미합니다. 우리가 멋을 낼 때 머리에 모자를 쓰는 것처럼, 관형어도 어떤 사물이나 사람을 꾸며 주는 역할을 합니다. 다음 예문에서 '가방을' 꾸며 주는 '낡은, 작은, 예쁜'이 관형어에 해당합니다.

오빠가 낡은 가방을 주었다.

관형어

작은 가방을	예쁜 가방을

부속 성분 부사어 익히기

부사어에서 '부'는 한자로 '副(머리꾸미개 부)', 즉 머리를 꾸미는 데 쓰이는 물건을 뜻합니다. 부사어는 주로 서술어를 꾸며 주면서, 문장을 좀 더 구체적으로 설명하는 역할을 합니다. 그리고 한 문장에서 여러 개 사용할 수 있습니다.

비행기가 높게 날고 있다.

부사어

낮게 날고 있다.	하늘에서 빠르게 날고 있다.

독립되어 쓰이는 독립어 익히기

독립어는 글자 그대로 혼자 독립적으로 쓰이는 문장 성분입니다. 누군가를 부르거나 감탄 또는 대답을 나타내는 낱말이 독립어로 쓰입니다. 독립어 뒤에는 보통 반점(,)이나 느낌표(!)가 옵니다.

• **연지야,** 간식 먹자.
　　독립어

• **어머나,** 깜빡 잊었네.
　　독립어

• **신이시여,** 제 소원을 들어주세요.
　　독립어

• **네,** 갈게요.
　　독립어

실전 문제　다음 문장에서 괄호 안의 문장 성분을 모두 찾아 ○표 하세요.

01　태현이는 도서관에서 열심히 공부한다. (부사어)

02　벚꽃은 4월에 핀다. (부사어)

03　아름다운 풍경을 넋을 놓고 바라봤다. (관형어)

04　도현이의 작품이 제일 멋지다. (관형어)

05　어이구, 삼십 분이나 늦었네. (독립어)

06　아빠, 일찍 오세요. (독립어)

맞춤법 · 어휘력 국어 실력 7단원

 7-1 풍부한 표현을 위한 고유어 익히기

고유어 익히고 활용하기 1

단비	꽃샘	여우볕	억수

01 이른 봄, 꽃이 필 무렵에 갑자기 날씨가 추워짐. ( )

02 꼭 필요한 때 알맞게 내리는 비. ( )

03 물을 퍼붓듯이 세차게 내리는 비. ( )

04 비나 눈이 오는 날 잠깐 났다가 숨어 버리는 볕. ( )

고유어 익히고 활용하기 2

달무리	달그림자	먼동	해넘이

01 어떤 물체가 달빛에 비치어 생기는 그림자. ( )

02 달 주위에 둥그렇게 생기는 구름같이 뿌연 테. ( )

03 해가 막 넘어가는 때. ( )

04 날이 밝아 올 무렵의 동쪽. ( )

고유어 익히고 활용하기 3

| 길길이 | 곱다시 | 한소끔 | 결결이 |

01 어떤 일이 일어나는 그때마다.　　　　　(　　　　　　　　)

02 성이 나서 펄펄 뛰는 모양.　　　　　(　　　　　　　　)

03 무던히 곱게.　　　　　(　　　　　　　　)

04 한 번 끓어오르는 모양.　　　　　(　　　　　　　　)

실전 문제　앞에서 배운 고유어를 이용하여 다음 빈칸을 채웁니다.

01 오랜 가뭄을 끝내는 □□가 촉촉이 땅을 적셨다.

02 보름달 주변에 □□□가 끼어 뿌옇게 흐려 보였다.

03 아버지는 □□이 트는 이른 새벽부터 일하러 가셨다.

04 물이 끓으면 국수를 넣고 □□□ 끓인 후 찬물에 헹군다.

05 득점이 인정되지 않자 팬들은 □□□ 날뛰었다.

7-2 어휘력 키우는 비슷한 말과 반대말

비슷한 말끼리 선 긋기 1

❶ 골격 ·　　　　　· ㉠ 발고

❷ 공생 ·　　　　　· ㉡ 뼈대

❸ 의전 ·　　　　　· ㉢ 공존

❹ 고자질 ·　　　　　· ㉣ 의례

비슷한 말끼리 선 긋기 2

❶ 타격 ·　　　　　· ㉠ 실책

❷ 교양 ·　　　　　· ㉡ 손해

❸ 소통 ·　　　　　· ㉢ 교류

❹ 과오 ·　　　　　· ㉣ 지성

초성 퀴즈 1

01 죽은 사람이 남겨 놓은 재산이나 앞세대가 물려준 문화.
　예 그는 할아버지로부터 막대한 ⬜⬜을 상속받았다.

ㅇ	ㅅ

02 벼의 씨.
　예 사월에 ⬜⬜를 뿌려야 오월에 모내기를 할 수 있다.

ㅂ	ㅆ

03 물건을 싸는 데 사용하는 네모난 천.
　예 작아진 옷들을 ⬜⬜⬜에 싸 두었다.

ㅂ	ㅈ	ㄱ

04 옛날, 나라에 적이 침입하거나 난리가 났을 때 신호로 올리던 불.
　예 조선 시대에는 ⬜⬜를 이용하여 적이 침입을 알렸다.

ㅂ	ㅎ

반대말끼리 선 긋기 1

① 줄기 · · ㄱ 부결

② 가중 · · ㄴ 갈래

③ 가설 · · ㄷ 진리

④ 가결 · · ㄹ 경감

 반대말끼리 선 긋기 2

① 산발적 · · ㄱ 유채색

② 무채색 · · ㄴ 지속적

③ 수동성 · · ㄷ 이성적

④ 감상적 · · ㄹ 자발성

 초성 퀴즈 2

01 배를 대어 사람과 짐이 뭍으로 오르내릴 수 있도록 만들어 놓은 곳.
　예 고깃배들이 잡은 고기를 싣고 □□에 도착했다.

ㅂ	ㄷ

02 씨름에서 허리와 다리에 둘러 묶어 손잡이로 쓰는 천.
　예 씨름에서 이기려면 상대의 □□를 제대로 잡아야 한다.

ㅅ	ㅂ

03 나무의 가지나 풀의 줄기에서 새로 돋아나는 잎.
　예 봄이 오니 나뭇가지에 파릇파릇한 □□이 돋아났다.

ㅅ	ㅅ

04 금성의 순우리말. 또는 뛰어난 능력으로 큰 발전을 이룩할 만한 사람.
　예 이번 영화의 성공으로 그는 영화계의 □□로 떠올랐다.

ㅅ	ㅂ

05 자기의 이름을 써넣음.
　예 반드시 계약서를 꼼꼼하게 확인한 후 □□을 해야 한다.

ㅅ	ㅁ

7-3 신문 어휘로 독해력 키우기

독해력과 어휘력을 키우는 가장 좋은 방법은 신문을 읽는 것입니다. 하지만 신문에는 평소 사용하지 않는 어려운 낱말들이 많아 이해하기 어렵습니다. 정치, 경제, 환경 등의 신문 기사에서 접할 수 있는 다양한 어휘를 익히고, 활용해 보겠습니다.

신문에 나오는 어휘 익히기

아래 설명과 예문을 읽고 알맞은 낱말을 찾아 쓰세요. 해당 낱말의 한자와 뜻을 통해 낱말을 좀 더 정확하게 익히세요.

대형	도합	역사상	전소

01 ☐☐

모두 합해서.
예 우리 학교의 졸업생은 ☐☐ 이백 명이다.

都 合
모두 · 합하다

02 ☐☐

같은 종류의 사물 가운데 큰 규격이나 규모.
예 하마터면 ☐☐ 교통사고가 날 뻔했다.

大 型
크다 · 모형

03 ☐☐

남김없이 다 타 버림.
예 어젯밤에 불이 나서 가게가 ☐☐되었다.

全 燒
온전하다 · 불사르다

04 ☐☐☐

역사에 나타나 있는 바.
예 그는 우리 축구 ☐☐☐ 가장 위대한 선수이다.

歷 史 上
지나다 · 사기 · 위

예방   소각   동참

05 [　|　] 불에 태워 없애 버림.
예 화재의 위험으로 쓰레기 □□이 금지되어 있다.

燒 却
불사르다 물리치다

06 [　|　] 질병이나 재해 따위가 일어나기 전에 미리
대처하여 막는 일.
예 올바른 손 씻기는 전염병 □□에 도움이 된다.

豫 防
미리 막다

07 [　|　] 어떤 모임이나 일에 같이 참여함.
예 많은 시민의 □□으로 축제는 성공적으로 끝
났다.

同 參
한가지 참여하다

🐵 알맞은 낱말 넣어 신문 기사 완성하기

앞에서 배운 어휘를 활용하여 다음 신문 기사를 완성하세요.

△△신문

| 20△△년 △월 창간 | NEWSPAPER | 경기도 꿈씨앗동 123-4567 |

미국 캘리포니아 대형 산불 비상

미국 캘리포니아 북부와 남부에 (　　　　) 산불이 발생했다. 대피한 주민의 숫
자만 북 캘리포니아 5만여 명, 남 캘리포니아 25만여 명으로 (　　　　) 30만 명
에 이른다. 이 산불은 캘리포니아 주 (　　　　　) 가장 많은 건물과 가옥을
(　　　　)시킨 산불로 기록됐다.

7-4 한자 원리로 쉽게 배우기

力(힘 력)은 밭을 가는 쟁기의 모습을 본떠 만든 한자입니다. 힘과 관련된 글자에 들어갑니다. 지금부터 '力(힘 력)'이 들어가는 한자들을 배워 보겠습니다.

力
힘 력(역)

01

男 사내 남

田 밭 전 + 力 힘 력

田(밭 전)과 力(힘 력)이 합쳐져, 밭을 쟁기로 가는 일을 하는 사람이라는 뜻의 男(사내 남)이 됩니다.

男					
사내 남					

02

動 움직이다 동

重 무겁다 중 + 力 힘 력

重(무겁다 중)과 力(힘 력)이 합쳐져, 무거운 것에 힘을 주어 움직이게 한다는 뜻의 動(움직이다 동)이 됩니다.

動				
움직이다 동				

03

加 더하다 가

力 힘 력 + 口 입 구

力(힘 력)과 口(입 구)가 합쳐져, 말하면 힘이 더 난다는 뜻의 加(더하다 가)가 됩니다.

加				
더하다 가				

실전 문제 다음 밑줄 친 **한자**를 **한글**로 바꿔 쓰세요.

01 에어컨을 한 시간 후 <u>自動</u>으로 꺼지도록 설정했다. (   )
기계 등이 일정한 장치에 의해 스스로 작동함.

02 남자 피부에 적합한 <u>男性</u> 화장품이 출시되었다. (   )
성(性)의 측면에서 남자를 이르는 말.

03 참치는 <u>加工</u> 과정을 거쳐 통조림으로 만들어진다. (   )
기술이나 힘 등을 이용해 원료나 재료를 새로운 제품으로 만듦.

한자 익히고 활용하기

다음 내용을 읽고 아래에 있는 한자와 '力(력)'을 조합하여 알맞은 한글과 한자를 쓰세요.

能
능하다 능

努
힘쓰다 노

魅
매혹하다 매

協
화합하다 협

01 각 반의 회장들에게 [   ][   ]을 요청했다.
힘을 합하여 서로 도움.

[   ][   ]   한글 ———➤ 한자   [   ][   ]

02 나는 뮤지컬의 [   ][   ]에 흠뻑 빠졌다.
사람의 마음을 사로잡아 끄는 힘.

[   ][   ]   한글 ———➤ 한자   [   ][   ]

03 자신의 [   ][   ]을 고려하여 직업을 결정해라.
어떤 일을 해내는 힘.

[   ][   ]   한글 ———➤ 한자   [   ][   ]

04 자신의 단점을 극복하려는 [   ][   ]이 필요합니다.
목적을 이루기 위하여 몸과 마음을 다하여 애를 씀.

[   ][   ]   한글 ———➤ 한자   [   ][   ]

7-5 사자성어로 배우는 삶의 지혜

사자성어는 어떤 상황이나 사람의 마음을 빗대어 표현한 것으로, 일상생활이나 글에 많이 사용됩니다.
다음 사자성어의 설명을 읽고, 각각의 한자와 뜻, 음을 따라 쓰면서 익히세요.

01 다른 입으로 같은 말을 한다는 뜻입니다. 이때의 '입'은 다른 사람을 의미하므로, 여러 사람이 한목소리로 같은 의견을 주장할 때 사용하는 사자성어입니다.

이	구	동	성
異	口	同	聲
다르다	입	한가지	소리

02 마음에서 마음으로 뜻이 전해진다는 의미로, 자신이 생각한 것과 상대방이 생각한 것이 같을 때 사용하는 사자성어입니다.

이	심	전	심
以	心	傳	心
~로	마음	전하다	마음

※ 以는 '~로, ~써, ~부터'와 같이 조사로 사용됩니다. 여기서는 '~로'의 뜻으로 사용되었습니다.

연습하기 다음 사자성어의 한자와 뜻을 따라 쓰고 한글로 쓰세요.

異	口	同	聲
다르다	입	한가지	소리

以	心	傳	心
~로	마음	전하다	마음

03 원인이 있으면 결과가 있다는 뜻입니다. 어떤 일을 저지르면 언젠가 그 일로 인한 응당한 결과를 받는다는 의미입니다.

인	과	응	보
因	果	應	報
원인	결과	응하다	갚다

04 하나의 돌을 던져 두 마리 새를 잡는다는 뜻으로, 한 가지 노력으로 여러 가지 성과를 거두는 경우에 사용합니다.

일	석	이	조
一	石	二	鳥
하나	돌	둘	새

연습하기 다음 사자성어의 한자와 뜻을 따라 쓰고 한글로 쓰세요.

因	果	應	報
원인	결과	응하다	갚다

一	石	二	鳥
하나	돌	둘	새

실전 문제 다음 내용을 읽고 알맞은 사자성어를 쓰세요.

01 배드민턴은 재미있고 건강에도 좋으니 ⬚⬚⬚⬚ 다.

02 모든 사람이 그녀를 ⬚⬚⬚⬚ 으로 칭찬한다.

03 그가 그런 벌을 받게 된 것은 ⬚⬚⬚⬚ 이다.

7-6 다양한 문장의 종류 이해하기

한 문장에 여러 개의 주어와 서술어를 사용할 수 있습니다. 문장은 주어와 서술어가 몇 개인지에 따라 '홑문장'과 '겹문장'으로 구분합니다. 그리고 겹문장은 연결된 방식에 따라 '이어진문장'과 '안은문장'으로 구분합니다.

 주어와 서술어가 하나인 '홑문장'

하나의 주어와 하나의 서술어가 연결된 문장을 '홑문장'이라고 합니다. 다음 예문은 주어 '자전거가'와 서술어 '달린다'가 하나씩만 있는 홑문장입니다.

> # 자전거가 달린다.
> 주어   서술어

 여러 개의 주어와 서술어가 있는 '겹문장'

둘 이상의 주어와 둘 이상의 서술어가 서로 연결된 문장을 '겹문장'이라고 합니다. 다음 예문은 '태현이는, 도현이가' 등 두 개의 주어와, '갔고, 왔다' 등 두 개의 서술어가 있는 겹문장입니다.

> # 태현이는 갔고, 도현이가 왔다.
> 주어 1   서술어 1   주어 2   서술어 2

실전 문제 1 다음 문장에서 밑줄 친 부분이 주어면 '주', 서술어면 '서'라고 씁니다.

01 <u>우리는</u> <u>눈이</u> <u>오기를</u> <u>기다렸다.</u>
(   ) (   ) (   )   (   )

02 뒷산에 <u>해가</u> <u>떠오르면,</u> <u>닭들이</u> <u>울어 댄다.</u>
      (   )   (   )   (   )   (   )

03 <u>형은</u> 게임을 <u>하고,</u> <u>나는</u> 책을 <u>읽었다.</u>
(   )   (   ) (   )   (   )

문장과 문장이 연결된 '이어진문장'

'이어진문장'은 둘 이상의 문장이 한 문장으로 이어진 겹문장을 말합니다. 예를 들어, '나는 학교에 다니고, 동생은 유치원에 다닌다.'는 '나는 학교에 다닌다.'라는 문장과 '동생은 유치원에 다닌다.'라는 문장이 한 문장으로 이어진 겹문장입니다.

이어진문장에서 '그리고, 그러나, 그래서' 등의 이어 주는 말을 사용하면 자연스럽게 문장을 이을 수 있습니다.

> · **그리고(-고)** : 비슷한 내용의 두 문장을 이어 줄 때 사용함.
>   > 예 비가 내리고 바람이 불었다.
>
> · **그러나(-나)** : 반대되는 내용의 두 문장을 이어 줄 때 사용함.
>   > 예 바람은 차나, 햇볕은 따뜻하다.
>
> · **그래서(-서)** : 원인이 있는 문장과 결과가 있는 문장을 이어 줄 때 사용함.
>   > 예 비가 많이 와서 다리가 잠겼다.

 다른 문장을 안고 있는 '안은문장'

'안은문장'이란 한 문장 속에 다른 문장을 안고 있는 겹문장을 말합니다. 예를 들어 '그는 화재가 발생한 건물에 있었다'는 '화재가 발생하다'라는 문장이 '그는 건물에 있었다'라는 문장 안에 있는 '안은문장'입니다. 이처럼 안은문장은 둘 이상의 홑문장이 결합한 겹문장입니다. 안은문장 안에 포함되어 있는 문장을 '안긴문장'이라고 합니다.

> ## 그는 <u>화재가 발생한</u> 건물에 있었다.
> 안긴문장

실전 문제 2 다음 문장을 읽고 '이어진문장'인지 아니면 '안은문장'인지 쓰세요.

01 이것은 희연이가 썼던 필통이다.　　　(　　　　　　)

02 사람들은 그를 천사라고 생각했다.　　　(　　　　　　)

03 도시락은 가져왔지만, 젓가락이 없어요.　　　(　　　　　　)

04 그녀는 소란이 멈추기를 기다렸다.　　　(　　　　　　)

맞춤법·어휘력 국어 실력 8단원

 8-1 풍부한 표현을 위한 고유어 익히기

 고유어 익히고 활용하기 1

| 진눈깨비 | 칼바람 | 바람꽃 | 숫눈 |

01 쌓인 상태 그대로의 깨끗한 눈. ( )

02 비가 섞여 내리는 눈. ( )

03 몹시 매섭고 독한 바람. ( )

04 큰바람이 일어나려고 할 때 먼 산에 구름같이
끼는 뿌얀 기운. ( )

 고유어 익히고 활용하기 2

| 흙살 | 꽃보라 | 개밥바라기 | 꼬투리 |

01 떨어져서 바람에 날리는 많은 꽃잎. ( )

02 돌 따위가 섞이지 아니한 흙의 부드러운 정도나 상태. ( )

03 어떤 이야기나 사건의 실마리. 또는 콩과 같은 식물의
씨앗을 싸고 있는 껍질. ( )

04 저녁 무렵 서쪽 하늘에 밝게 보이는 금성을 이르는
순우리말. ( )

8단원 | 99

고유어 익히고 활용하기 3

| 더듬더듬 | 내광쓰광 | 나붓나붓 | 도란도란 |

01 서로 사이가 좋지 아니하여 만나도 모르는 체하며
냉정하게 대하는 모양.   (   )

02 무엇을 찾거나 알아보려고 손으로 자꾸 이리저리
만지는 모양.   (   )

03 여럿이 나직한 목소리로 서로 정답게 이야기하는 소리.   (   )

04 얇은 천이나 종이 따위가 나부끼어 자꾸 흔들리는 모양.   (   )

실전 문제   앞에서 배운 고유어를 이용하여 다음 빈칸을 채웁니다.

01 이른 새벽, 아무도 걷지 않은 [ ][ ]을 밟으며 걸었다.

02 한겨울 [ ][ ][ ]이 옷을 뚫고 뼛속까지 파고들었다.

03 바람이 불자 수천 송이의 [ ][ ][ ]가 눈처럼 날렸다.

04 사건 현장을 뒤졌지만 작은 [ ][ ][ ]도 찾을 수 없었다.

05 바람이 불자 나뭇잎들이 [ ][ ][ ][ ] 움직인다.

8-2 어휘력 키우는 비슷한 말과 반대말

 비슷한 말끼리 선 긋기 1

❶ 묵살하다 •　　　　　• ㉠ 부끄럽다

❷ 뻗대다 •　　　　　• ㉡ 무시하다

❸ 도란거리다 •　　　　　• ㉢ 소곤거리다

❹ 송구하다 •　　　　　• ㉣ 버티다

 비슷한 말끼리 선 긋기 2

❶ 규정 •　　　　　• ㉠ 역설

❷ 궤변 •　　　　　• ㉡ 제약

❸ 근거지 •　　　　　• ㉢ 낭설

❹ 헛소문 •　　　　　• ㉣ 본거지

 초성 퀴즈 1

01 붓으로 글씨를 쓰는 예술.
예) 요즘 붓글씨에 매료되어 ☐☐를 배우고 있다.

ㅅ	ㅇ

02 작은 구멍을 뚫는 데 쓰는 도구로 끝이 날카롭고 뾰족함.
예) 가죽 허리띠에 구멍을 내려면 ☐☐이 필요하다.

ㅅ	ㄱ

03 바다와 육지가 맞닿은 선.
예) 동해안은 ☐☐☐을 따라 드라이브하기에 좋다.

ㅎ	ㅇ	ㅅ

04 그해에 새로 난 쌀.
예) 우리는 매년 추석마다 ☐☐로 송편을 빚어 먹는다.

ㅎ	ㅆ

반대말끼리 선 긋기 1

❶ 격증   ·

❷ 승격   ·

❸ 보류   ·

❹ 강림   ·

· ㉠ 강등

· ㉡ 승천

· ㉢ 격감

· ㉣ 결정

 반대말끼리 선 긋기 2

❶ 개별성   ·

❷ 개량식   ·

❸ 미흡   ·

❹ 내실   ·

· ㉠ 재래식

· ㉡ 보편성

· ㉢ 흡족

· ㉣ 겉치레

 초성 퀴즈 2

01 살갗에서 저절로 일어나는 얇은 껍질.
　　예 철봉에 오래 매달렸더니 손바닥 ▢▢이 벗겨졌다.

ㅎ	ㅁ

02 인기척을 내거나 목청을 가다듬기 위하여 일부러 기침함.
　　예 그녀는 발표에 앞서 ▢▢▢을 하며 목을 가다듬었다.

ㅎ	ㄱ	ㅊ

03 목표한 지점까지 다 달림.
　　예 처음 출전이니만큼 마라톤 ▢▢가 목표다.

ㅇ	ㅈ

04 먹을 용도의 물.
　　예 오랜 가뭄으로 ▢▢가 부족해 주민들이 고통을 겪고 있다.

ㅅ	ㅅ

05 경기 따위에서 지고 있다가 형세가 뒤바뀌어 이김.
　　예 우리 팀이 일 대 영으로 지다가 연속 두 골을 넣어 ▢▢▢을 거뒀다.

ㅇ	ㅈ	ㅅ

8-3 신문 어휘로 독해력 키우기

독해력과 어휘력을 키우는 가장 좋은 방법은 신문을 읽는 것입니다. 하지만 신문에는 평소 사용하지 않는 어려운 낱말들이 많아 이해하기 어렵습니다. 정치, 경제, 환경 등의 신문 기사에서 접할 수 있는 다양한 어휘를 익히고, 활용해 보겠습니다.

🐏 신문에 나오는 어휘 익히기

아래 설명과 예문을 읽고 알맞은 낱말을 찾아 쓰세요. 해당 낱말의 한자와 뜻을 통해 낱말을 좀 더 정확하게 익히세요.

하락세	안정세	시차	반영

01 ☐☐

어떤 일을 하는 데서 생기는 시간상의 차이.

㉔ 반대 운동이 지역에 따라 ☐☐를 두고 일어났다.

時	差
때	다르다

02 ☐☐

다른 것에 영향을 받아 어떤 현상이 나타남.

㉔ 소설은 현실을 ☐☐한다.

反	映
돌이키다	비치다

03 ☐☐☐

물가나 시세 따위가 떨어지는 추세.

㉔ 부동산 가격이 ☐☐☐로 돌아섰다.

下	落	勢
아래	떨어지다	형세

04 ☐☐☐

바뀌어 달라지지 아니하고 일정한 상태를 유지하는 시세.

㉔ 이사 철이 지나면서 전셋값이 ☐☐☐를 보이고 있다.

安	定	勢
편안	정하다	형세

동결   대비   물가

05 두 가지 것의 차이를 명백히 밝히기 위해
서로 비교함.
예 채솟값이 전월 □□ 큰 폭으로 상승했다.

對 比
대하다 견주다

06 물건의 값.
예 상하이가 아시아에서 □□가 가장 비싼 도시로
뽑혔다.

物 價
물건 값

07 사업, 계획 등이 중단됨. 또는 자금의 사용이나
이동이 금지됨.
예 대학생들이 등록금 □□을 요구하고 나섰다.

凍 結
얼다 맺다

 알맞은 낱말 넣어 신문 기사 완성하기

앞에서 배운 어휘를 활용하여 다음 신문 기사를 완성하세요.

△△신문

20△△년 △월 창간   NEWSPAPER   경기도 꿈씨앗동 123-4567

정부 유류세 인하 결정

정부의 유류세 인하 효과가 (   )를 두고 주유소 판매 가격에 계속 (   )

되고 있다. 최근 국제 유가도 하락하면서 당분간 기름값은 (   )로 접

어들 것으로 전망됐다. 국내 제품 가격도 국제 유가 하락 및 유류세 인하 효과로

(   )를 지속할 것으로 내다봤다.

8-4 한자 원리로 쉽게 배우기

口(입 구)는 사람이 입을 크게 벌린 모습을 본뜬 한자입니다. 먹고 마시는 것 외에도 말하기, 노래 부르기, 악기 불기 등 입과 관련된 많은 글자에 들어갑니다.

口

입 구

01

名 이름 명

夕 저녁 석 + 口 입구

夕(저녁 석)과 口(입 구)가 합쳐져, 저녁에 사람을 알아보기 위해 이름을 부른다는 뜻의 名(이름 명)이 됩니다.

名 이름 명				

02

吐 토하다 토

口 입구 + 土 흙토

뜻을 나타내는 口(입 구)와 소리 역할을 하는 土(흙 토)가 합쳐져, 입으로 토한다는 뜻의 吐(토하다 토)가 됩니다.

吐 토하다 토				

03

否 아니다 부

不 아니다 불 + 口 입구

不(아니다 불)과 口(입 구)가 합쳐져, 아니라고 말한다는 뜻의 否(아니다 부)가 됩니다.

否 아니다 부				

실전 문제 다음 밑줄 친 **한자**를 **한글**로 바꿔 쓰세요.

01 학교의 <u>名譽</u>를 걸고 대표 선수로 출전한다. ( )
세상에서 훌륭하다고 인정되는 이름이나 자랑.

02 범인은 하루 만에 자신의 죄를 <u>實吐</u>했다. ( )
거짓 없이 사실대로 다 말함.

03 사고 목격자는 법정에서의 증언을 <u>拒否</u>했다. ( )
요구나 제의 따위를 받아들이지 않음.

한자 익히고 활용하기

다음 내용을 읽고 아래에 있는 한자와 '口(구)'를 조합하여 알맞은 한글과 한자를 쓰세요.

港	家	入	人
항구 **항**	집 **가**	들다 **입**	사람 **인**

01 우리는 식당의 ☐☐ 쪽에 앉았다.
들어가는 통로.

☐☐   한글 ⟶ 한자   ☐☐

02 이 섬에는 열 ☐☐ 만이 살고 있다.
집안 식구.

☐☐   한글 ⟶ 한자   ☐☐

03 해마다 농촌 지역의 ☐☐ 는 줄어든다.
일정한 지역에 사는 사람의 수.

☐☐   한글 ⟶ 한자   ☐☐

04 태풍으로 많은 배가 ☐☐ 에 머물러 있다.
배가 드나들 수 있도록 강가나 바닷가에 만든 시설.

☐☐   한글 ⟶ 한자   ☐☐

8-5 사자성어로 배우는 삶의 지혜

사자성어는 어떤 상황이나 사람의 마음을 빗대어 표현한 것으로, 일상생활이나 글에 많이 사용됩니다. 다음 사자성어의 설명을 읽고, 각각의 한자와 뜻, 음을 따라 쓰면서 익히세요.

01 한바탕의 봄 꿈처럼 덧없는 일이란 뜻입니다. 천하를 호령하던 유명인이 늙고 초라한 모습으로 나타난 것을 보고, 인생의 허무함을 표현한 것에서 유래하였습니다. 세월이 지나면 인생의 모든 것이 꿈처럼 사라진다는 의미입니다.

일	장	춘	몽
一	場	春	夢
하나	마당	봄	꿈

02 날마다 달마다 실력이 발전한다는 뜻입니다. 어떤 일을 하거나 배울 때, 하루가 다르게 실력이 향상되는 것을 표현하는 사자성어입니다.

일	취	월	장
日	就	月	將
날	나아가다	달	장차

연습하기 다음 사자성어의 한자와 뜻을 따라 쓰고 한글로 쓰세요.

一	場	春	夢	日	就	月	將
하나	마당	봄	꿈	날	나아가다	달	장차

03 도둑이 도망가지 않고 지팡이를 휘두르른다는 뜻입니다. 잘못을 저지른 사람이 오히려 화를 내고, 다른 사람을 탓할 때 사용하는 사자성어입니다.

적	반	하	장
賊	反	荷	杖
도둑	돌이키다	꾸짖다	지팡이

04 원숭이들에게 도토리를 아침에 세 개, 저녁에 네 개씩 주자 반발했는데, 아침에 네 개, 저녁에 세 개를 주니 좋아했다는 이야기에서 유래했습니다. 눈앞에 보이는 차이만 알고, 결과가 같은 것을 모르는 어리석음을 의미합니다.

조	삼	모	사
朝	三	暮	四
아침	셋	저녁	넷

연습하기 다음 사자성어의 한자와 뜻을 따라 쓰고 한글로 쓰세요.

賊	反	荷	杖
도둑	돌이키다	꾸짖다	지팡이

朝	三	暮	四
아침	셋	저녁	넷

실전 문제 다음 내용을 읽고 알맞은 사자성어를 쓰세요.

01 사고를 낸 사람이 오히려  으로 소리를 질렀다.

02 그녀의 요리 솜씨는 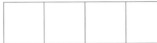 으로 성장하였다.

03 할인 제품의 용량을 살펴보면 [ ][ ][ ][ ] 식의 속임수가 많다.

8-6 문장 성분 사이의 호응

가끔 문장이 매끄럽지 않고 어색해 보일 때가 있습니다. 문장 성분 사이의 호응이 잘못된 경우 많이 발생합니다. 문장 안에서 쓰이는 말들이 서로 잘 어울리는 것을 '문장의 호응'이라고 합니다.

주어와 서술어의 호응

예를 들어 '바람과 비가 쏟아졌다.'라는 문장에서는, '바람'이라는 주어가 '쏟아졌다'라는 서술어와 호응이 안 됩니다. 이 문장은 '바람이 불고 비가 쏟아졌다.'로 고쳐야 맞습니다.

실전 문제 1 주어와 호응이 맞도록 서술어를 추가하세요.

01 산에는 열매와 꽃이 피었다.

▶▶ 산에는 열매가 _____ 꽃이 피었다.

02 우리는 과일과 음료수를 마셨다.

▶▶ 우리는 과일을 _____ 음료수를 마셨다.

03 형은 나보다 키와 몸무게가 더 무겁다.

▶▶ 형은 나보다 키가 _____ 몸무게가 더 무겁다.

04 심심할 때는 TV와 음악을 듣는다.

▶▶ 심심할 때는 TV를 _____ 음악을 듣는다.

꾸며 주는 말과 서술어의 호응

꾸며 주는 말인 부사어와 서술어의 호응도 중요합니다. '결코, 전혀, 별로' 등과 같은 부사어는 '아니다, 없다, 아니하다, 못 하다' 등과 같이 부정의 뜻을 가진 서술어와 호응해야 합니다.

부사어 호응	예문
만약 ~라면	예 만약 이 일이 성공하면 우리는 부자가 된다.
전혀 ~않다	예 그는 고기를 전혀 먹지 않았다.
결코 ~않다	예 그것은 결코 우연이 아니었다.
여간 ~않다	예 허름한 옷이 여간 부끄럽지 않았다.
아마 ~ㄹ 것이다	예 아마 지금쯤 공항에 도착했을 것이다.
반드시 ~ 하겠다(~해야 한다)	예 우유는 반드시 냉장고에 보관해야 한다.
비록 ~ㄹ지라도(~지만)	예 비록 사소한 것일지라도 사과를 해야 한다.
왜냐하면 ~때문이다	예 여행이 취소됐다. 왜냐하면 태풍이 오기 때문이다.

실전 문제 2 밑줄 친 부분과 호응이 되도록 빈칸에 알맞은 부사어를 쓰세요.

01 오늘까지 (   ) 과제를 제출해야 한다.

02 (   ) 비가 온다면 운동회는 취소된다.

03 공연은 연기되었다. (   ) 주인공이 아프기 때문이다.

04 수빈이는 (   ) 거짓말을 하지 않는다.

05 나는 (   ) 가진 것은 없지만 행복하다.

맞춤법・어휘력 국어 실력 9단원

 9-1 풍부한 표현을 위한 고유어 익히기

 고유어 익히고 활용하기 1

노루목	나들목	어름	어귀

01 나가고 들고 하는 길목. ( )

02 넓은 들에서 다른 곳으로 이어지는 좁은 지역.
또는 노루가 자주 다니는 길목. ( )

03 드나드는 길목의 초입. ( )

04 두 사물의 끝이 맞닿은 자리. 또는 구역과 구역의 경계점. ( )

 고유어 익히고 활용하기 2

디딤돌	노둣돌	다릿돌	누름돌

01 말에 오르내릴 때 발을 딛기 위해 대문 앞에 놓은 큰 돌. ( )

02 마루 아래 놓아 디디고 오르내릴 수 있게 한 돌. 또는
어떤 문제를 해결하는 데에 바탕이 되는 것을 뜻함. ( )

03 독이나 통 안에 든 절임이나 김치를 눌러 두는 데 쓰는 돌. ( )

04 개울이나 도랑을 건널 때 디디기 위하여 띄엄띄엄 놓은 돌. ( )

고유어 익히고 활용하기 3

| 어름어름 | 아닥치듯 | 어두커니 | 아기자기 |

01 여러 가지가 오밀조밀 어울려 예쁜 모양.　　　　　　（　　　　　　　）

02 몹시 심하게 말다툼하는 모양.　　　　　　　　　　（　　　　　　　）

03 새벽 어둑어둑할 때.　　　　　　　　　　　　　　（　　　　　　　）

04 말이나 행동을 똑똑하게 분명히 하지 못하고
　　우물쭈물하는 모양.　　　　　　　　　　　　　　（　　　　　　　）

실전 문제 앞에서 배운 고유어를 이용하여 다음 빈칸을 채웁니다.

01 귀성길 정체로 인해 ☐☐☐ 입구에서 가다 서다를 반복했다.　☐☐☐

02 양국 정상의 만남은 평화의 귀중한 ☐☐☐이 될 것이다.　☐☐

03 무장한 군인들이 마을 ☐☐를 지키고 있었다.　☐☐

04 동네 개울에 모여 태풍에 쓸려 내려간 ☐☐☐을 다시
　　만들고 있다.　☐☐

05 시장에서 아주머니들이 ☐☐☐☐ 싸우고 있다.　☐☐☐

9-2 어휘력 키우는 비슷한 말과 반대말

비슷한 말끼리 선 긋기 1

❶ 값없다 ・　　　・ ㉠ 무난하다

❷ 난감하다 ・　　　・ ㉡ 느닷없다

❸ 용이하다 ・　　　・ ㉢ 흔하다

❹ 갑작스럽다 ・　　　・ ㉣ 난처하다

비슷한 말끼리 선 긋기 2

❶ 갈망하다 ・　　　・ ㉠ 남루하다

❷ 남발하다 ・　　　・ ㉡ 난발하다

❸ 감미롭다 ・　　　・ ㉢ 달콤하다

❹ 너절하다 ・　　　・ ㉣ 갈구하다

초성 퀴즈 1

01 머리가 좋고 재주가 뛰어난 어린아이.
　　예 초등학생인 희준이는 고등학교 수학 문제도 척척 푸는 □□ 이다.

ㅇ	ㅈ

02 지구 이외의 행성에 존재한다고 추측되는 지적인 생명체.
　　예 광활한 우주 어딘가에 분명 □□□이 존재할 것이다.

ㅇ	ㄱ	ㅇ

03 음식물에 들어 있는 독성 물질을 먹어서 걸리는 병.
　　예 음식이 상하기 쉬운 여름철에는 특히 □□□을 조심해야 한다.

ㅅ	ㅈ	ㄷ

04 지금도 화산 활동을 계속하고 있는 화산.
　　예 화산 폭발의 위험성 때문에 □□□ 등반은 금지되어 있다.

ㅎ	ㅎ	ㅅ

반대말끼리 선 긋기 1

❶ 갑갑하다 ·   · ㉠ 전능하다

❷ 걸맞다 ·   · ㉡ 시원하다

❸ 강직하다 ·   · ㉢ 부적당하다

❹ 무능하다 ·   · ㉣ 교활하다

 반대말끼리 선 긋기 2

❶ 공허하다 ·   · ㉠ 대단하다

❷ 도지다 ·   · ㉡ 알차다

❸ 하찮다 ·   · ㉢ 불우하다

❹ 다복하다 ·   · ㉣ 나아지다

🐵 초성 퀴즈 2

01 운동 경기에서 정해진 시간 안에 승부가 나지 않을 때, 추가로 하는 경기.
    📝 후반전까지도 동점이라 결국 승부는 ☐☐☐으로 이어졌다.

ㅇ	ㅈ	ㅈ

02 성적이 우수한 학생.
    📝 그녀는 학창 시절에 장학금을 탈 정도로 ☐☐☐이었다.

ㅇ	ㄷ	ㅅ

03 식물의 연구나 일반인의 관람을 위하여 많은 종류의 식물을 모아 기르는 시설.
    📝 이 ☐☐☐에서는 우리나라에서 자라지 않는 열대 식물을 볼 수 있다.

ㅅ	ㅁ	ㅇ

04 범죄 행위를 저지른 것으로 의심이 가는 사람.
    📝 경찰은 발견된 증거를 토대로 그를 유력한 ☐☐☐로 지목했다.

ㅇ	ㅇ	ㅈ

05 식을 진행하는 순서.
    📝 사회자가 알려준 ☐☐에 따르면 우리가 마지막 순서다.

ㅅ	ㅅ

9-3 신문 어휘로 독해력 키우기

독해력과 어휘력을 키우는 가장 좋은 방법은 신문을 읽는 것입니다. 하지만 신문에는 평소 사용하지 않는 어려운 낱말들이 많아 이해하기 어렵습니다. 정치, 경제, 환경 등의 신문 기사에서 접할 수 있는 다양한 어휘를 익히고, 활용해 보겠습니다.

🐵 신문에 나오는 어휘 익히기

아래 설명과 예문을 읽고 알맞은 낱말을 찾아 쓰세요. 해당 낱말의 한자와 뜻을 통해 낱말을 좀 더 정확하게 익히세요.

범위	배치	전망	도입

01 ☐☐

사람이나 물건을 적당한 자리나 위치에 나누어 둠.

例 실습생들은 각 부서로 나누어 ☐☐되었다.

配 나누다　置 두다

02 ☐☐

일정하게 정해진 영역.

例 이동할 수 있는 ☐☐가 제한되었다.

範 법　圍 에워싸다

03 ☐☐

기술, 방법, 물자 따위를 끌어들임.

例 첨단 기술의 ☐☐이 필요하다.

導 인도하다　入 들다

04 ☐☐

다가올 날을 미리 내다봄.

例 앞으로 경제가 좋아진다는 ☐☐이 나왔다.

展 펴다　望 바라다

주력　　　작전　　　영공

05 | | | 어떤 일을 이루기 위하여 필요한 조치나 방법을 강구함.

예 결승전에서 이기려면 보다 치밀한 □□이 필요하다.

作 戰
만들다　싸움

06 | | | 중심이 되는 힘.

예 김 선수는 접영을 자신의 □□ 종목으로 선택했다.

主 力
주인　힘

07 | | | 그 나라의 주권이 미치는 영토와 영해(바다) 위에 있는 하늘.

예 모든 비행기는 다른 나라의 □□을 지날 때 승인을 받아야 한다.

領 空
거느리다　비다

 알맞은 낱말 넣어 신문 기사 완성하기

앞에서 배운 어휘를 활용하여 다음 신문 기사를 완성하세요.

△△신문

20△△년 △월 창간　　　　NEWSPAPER　　　　경기도 꿈씨앗동 123-4567

하늘에서 연료를 넣는 공중 급유기

우리나라 공군 사상 최초로 (　　　　)하는 공중 급유기 1호기가 12일 한국에 도착한다. 공중 급유기가 실전 (　　　　)될 경우 공군 전투기의 작전 시간과 작전 (　　　) 등 작전 능력이 크게 향상될 (　　　　)이다.

9-4 한자 원리로 쉽게 배우기

土(흙 토)는 땅 위에 흙이 쌓인 모습을 본뜬 한자입니다. 주로 '흙'이나 '땅'과 관련된 한자에 들어갑니다. 지금부터 '土(흙 토)'가 들어가는 한자들을 배워 보겠습니다.

土
흙 토

01

坐 앉다 좌

人 사람 인 + 土 흙 토

두 개의 人(사람 인)과 土(흙 토)가 합쳐져 두 사람이 마주 앉은 모습을 뜻하는 坐(앉다 좌)가 됩니다.

坐 앉다 좌					

02

埋 묻다 매

土 흙 토 + 里 마을 리

土(흙 토)와 里(마을 리)가 합쳐져 마을 땅속에 깊이 묻는다는 뜻의 埋(묻다 매)가 됩니다.

埋 묻다 매					

03

域 구역 역

土 흙 토 + 口 입 구 + 戈 창 과

土(흙 토)와 口(입 구) 그리고 戈(창 과)가 합쳐져, 땅의 입구를 창을 들고 지키는 곳을 의미하는 域(구역 역)이 됩니다.

域 구역 역					

실전 문제 다음 밑줄 친 **한자**를 **한글**로 바꿔 쓰세요.

01 휴가 기간이라 비행기 <u>坐席</u>을 구하기 어렵다.　　　　　(　　　　　)
　　 앉을 수 있게 마련된 자리.

02 산사태로 집이 완전히 <u>埋沒</u>되었다.　　　　　　　　　　(　　　　　)
　　 보이지 아니하게 파묻히거나 파묻음.

03 수도권 <u>地域</u>의 아파트 매매 가격이 급상승하고 있다.　　(　　　　　)
　　 어떤 특징이나 일정한 기준에 따라 범위를 나눈 땅.

한자 익히고 활용하기

다음 내용을 읽고 아래에 있는 한자와 '土(토)'를 조합하여 알맞은 한글과 한자를 쓰세요.

種	領	壤	器
씨 **종**	거느리다 **영**	흙덩이 **양**	그릇 **기**

01 이 식물은 기름진 ▢▢에서 잘 자란다.
식물에 영양을 공급하여 자라게 할 수 있는 흙.

▢▢ 한글 ⟶ 한자 ▢▢

02 외래종의 침입으로 ▢▢ 물고기가 줄고 있다.
원래 그 지역에서 나거나 자라는 동물이나 식물 따위의 종자.

▢▢ 한글 ⟶ 한자 ▢▢

03 한 공사 현장에서 신라 시대 ▢▢가 발견되었다.
원시 시대에 쓰던 흙으로 만든 그릇.

▢▢ 한글 ⟶ 한자 ▢▢

04 두 나라 사이에 ▢▢ 분쟁은 줄곧 있었다.
한 나라의 통치권이 미치는 지역.

▢▢ 한글 ⟶ 한자 ▢▢

9-5 사자성어로 배우는 삶의 지혜

사자성어는 어떤 상황이나 사람의 마음을 빗대어 표현한 것으로, 일상생활이나 글에 많이 사용됩니다.
다음 사자성어의 설명을 읽고, 각각의 한자와 뜻, 음을 따라 쓰면서 익히세요.

01 동쪽을 묻는데 서쪽을 답해 준다는
뜻입니다. 물어본 질문에 대한 대답이
아니라 관련 없는 엉뚱한 이야기를 할
때 사용하는 사자성어입니다.

동	문	서	답
東	問	西	答
동녘	문	서녘	대답

02 낮에는 밭을 갈고 밤에는 책을 읽는다
는 뜻입니다. 어려운 환경에서도 일과
학업을 열심히 하는 상황을 표현하는
사자성어입니다.

주	경	야	독
晝	耕	夜	讀
낮	밭을 갈다	밤	읽다

연습하기 다음 사자성어의 한자와 뜻을 따라 쓰고 한글로 쓰세요.

東	問	西	答
동녘	문	서녘	대답

晝	耕	夜	讀
낮	밭을 갈다	밤	읽다

03 대나무 말을 타고 놀던 옛 친구라는 뜻입니다. 어릴 때부터 친하게 지낸 친구를 의미하는 사자성어입니다.

죽	마	고	우
竹	馬	故	友
대나무	말	옛	벗

04 앞으로 나아가는 것도 뒤로 물러서는 것도 어렵다는 뜻입니다. 어떤 선택에 있어 이러지도 저러지도 못하는 상황을 표현할 때 씁니다.

진	퇴	양	난
進	退	兩	難
나아가다	물러서다	둘	어렵다

연습하기 다음 사자성어의 한자와 뜻을 따라 쓰고 한글로 쓰세요.

竹	馬	故	友
대나무	말	옛	벗

進	退	兩	難
나아가다	물러서다	둘	어렵다

실전 문제 다음 내용을 읽고 알맞은 사자성어를 쓰세요.

01 앞에는 낭떠러지, 뒤에는 계곡물이 넘쳐 [   ] 에 빠졌다.

02 삼촌은 [   ] 으로 야간 대학에 다니고 있다.

03 한 동네에서 나고 자란 [   ] 라 항상 붙어 다녔다.

9-6 문장의 시간 표현 호응

문장을 자연스럽게 쓰고 싶을 때 주의해야 할 것이 바로 시간 표현입니다. 과거의 내용인지 아니면 현재의 내용인지 분명해지도록 알맞은 시간 표현을 사용해야 합니다.

시간 표현의 종류 익히기

시간 표현이란 어떤 사실이나 사건이 일어난 때를 나타내는 표현을 말합니다. 이번에는 '과거, 현재, 미래'의 뜻과 표현 방법에 대해 알아보겠습니다.

종류	뜻	설명
과거	• 이미 발생한 일이나 사실에 대한 시간 표현입니다. ⑩ **어제** 영화관에 **갔다.**	• 서술어에 '-았, -었, -던' 등을 붙여 표현합니다. • '작년, 어제, 지난' 등과 같이 과거의 시간을 나타내는 낱말과 함께 쓰입니다.
현재	• 현재 일어나고 있는 일에 대한 시간 표현입니다. ⑩ **지금** 영화관에 **간다.**	• 서술어에 '-ㄴ, -는' 등을 붙여 표현합니다. • '지금, 오늘, 요즈음'과 같이 현재 시간을 나타내는 낱말과 함께 쓰입니다.
미래	• 앞으로 일어날 일에 대한 시간 표현입니다. ⑩ **내일** 꼭 방문**하겠다.**	• 서술어에 '-을, -겠, -ㄹ까' 등을 붙여 표현합니다. • '다음에, 내일, 내년' 등과 같이 미래 시간을 나타내는 낱말과 함께 쓰입니다.

실전 문제   시간을 나타내는 낱말을 찾아 ○표 하고, 밑줄 친 부분을 맞게 고치세요.

01 우리는 모레 그 영화를 <u>보았다</u>.   (   )

02 효은이는 어제 책을 <u>읽는다</u>.   (   )

03 지효는 지금 낮잠을 <u>잤었다</u>.   (   )

04 지난여름은 너무 <u>더울 것이다</u>.   (   )

05 다음 주에 볼 공연은 <u>재미있었다</u>.   (   )

06 그저께 우리집 고양이가 새끼를 <u>낳는다</u>.   (   )

07 다음 주까지 비가 올 것으로 <u>예상되었다</u>.   (   )

08 민찬이는 요즈음 피아노를 <u>배웠다</u>.   (   )

09 먼 훗날 이것의 진정한 가치를 <u>인정받았다</u>.   (   )

10 우리가 역에 도착했을 때 기차는 이미 <u>출발한다</u>.   (   )

맞춤법 · 어휘력 국어 실력 10단원

10-1 풍부한 표현을 위한 고유어 익히기

고유어 익히고 활용하기 1

배냇짓	모꼬지	북새	저지레

01 일이나 물건을 들추어내거나 떠벌려 그르치는 짓.　　（　　　　　　　　　）

02 갓난아이가 자면서 웃거나 눈, 코, 입 따위를
쫑긋거리는 짓.　　　　　　　　　　　　　　（　　　　　　　　　）

03 놀이나 잔치 또는 그 밖의 일로 여러 사람이 모이는 일. （　　　　　　　　）

04 많은 사람이 야단스럽게 부산을 떨며 법석이는 일.　（　　　　　　　　）

고유어 익히고 활용하기 2

워낭	여물	까치밥	쭉정이

01 껍질만 있고 속에 알맹이가 들지 아니한 곡식. 또는
씨앗을 싸고 있는 껍질.　　　　　　　　　　　（　　　　　　　　　）

02 말과 소의 귀에서 턱 밑으로 늘여 단 방울.　　（　　　　　　　　　）

03 말과 소를 먹이기 위하여 말려서 썬 짚이나 마른풀.　（　　　　　　　　）

04 까치 따위의 날짐승이 먹을 수 있게 따지 않고 몇 개
남겨 두는 감.　　　　　　　　　　　　　　　（　　　　　　　　　）

고유어 익히고 활용하기 3

질금질금	올망졸망	자작자작	오목조목

01 고르지 아니하게 군데군데 동그스름하게 패거나
들어간 모양. (   )

02 귀엽고 엇비슷한 아이들이 많이 있는 모양. (   )

03 액체가 점점 잦아들어 적은 모양. (   )

04 물건 따위를 조금씩 자꾸 흘리는 모양. (   )

실전 문제   앞에서 배운 고유어를 이용하여 다음 빈칸을 채웁니다.

01 아기는 이따금 [　　] 을 하면서 천사같이 자고 있었다.

02 아이들이 몰려와 한바탕 [　] 를 떨고 갔다.

03 올해 벼농사는 망쳐서 쓸모없는 [　　] 가 반이다.

04 할아버지께서는 아침마다 소에게 줄 [　] 을 끓이신다.

05 아이들이 [　　　] 모여 앉아 놀고 있다.

10-2 어휘력 키우는 비슷한 말과 반대말

 비슷한 말끼리 선 긋기 1

❶ 고달프다 ・   ・ ㉠ 묵중하다

❷ 고안하다 ・   ・ ㉡ 고단하다

❸ 돋우다 ・   ・ ㉢ 창안하다

❹ 과묵하다 ・   ・ ㉣ 북돋다

 비슷한 말끼리 선 긋기 2

❶ 동나다 ・   ・ ㉠ 지루하다

❷ 막역하다 ・   ・ ㉡ 고갈되다

❸ 매몰차다 ・   ・ ㉢ 친하다

❹ 무료하다 ・   ・ ㉣ 무정하다

 초성 퀴즈 1

01 소나무나 잣나무에서 분비되는 끈적끈적한 액체.
예 소나무 숲에서 진한 □□ 냄새가 풍겨 왔다.

ㅅ	ㅈ

02 수산물의 어획, 양식, 제조, 가공 따위에 관한 산업.
예 바다가 가까운 지역은 □□□이 발달하였다.

ㅅ	ㅅ	ㅇ

03 손으로 물건을 만드는 일을 직업으로 하는 사람.
예 고려청자를 만든 □□의 출중한 솜씨에 감탄했다.

ㅈ	ㅇ

04 경험이나 실력이 부족한 사람을 비유하는 말.
예 신입사원인 준서는 □□□라고 무시를 당했다.

ㅇ	ㅅ	ㅇ

반대말끼리 선 긋기 1

① 괄괄하다 ·　　　　　　· ㄱ 연약하다

② 굼뜨다 ·　　　　　　· ㄴ 얌전하다

③ 광활하다 ·　　　　　　· ㄷ 협소하다

④ 견고하다 ·　　　　　　· ㄹ 재빠르다

 반대말끼리 선 긋기 2

① 기발하다 ·　　　　　　· ㄱ 둔하다

② 거뜬하다 ·　　　　　　· ㄴ 범상하다

③ 기민하다 ·　　　　　　· ㄷ 뻐근하다

④ 냉랭하다 ·　　　　　　· ㄹ 온화하다

 초성 퀴즈 2

01 활에 걸어 놓은 줄로, 이것에 화살을 걸어 쏘면 화살이 날아감.

　　예 장군은 적군을 향해 □□□를 잡아당겼다.

ㅎ	ㅅ	ㅇ

02 물고기를 잡아 생활하는 사람들이 모여 사는 바닷가 마을.

　　예 그는 바닷가 작은 □□에서 태어났다.

ㅇ	ㅊ

03 물고기나 해조, 버섯 따위를 인공적으로 길러서 번식하게 함.

　　예 박 씨는 □□ 장어를 자연산 장어로 속여 팔았다.

ㅇ	ㅅ

04 이유와 근거가 없이 짐작함.

　　예 그 사건에 대해 터무니없는 □□이 난무했다.

ㅇ	ㅊ

05 자잘하고 약은 꾀.

　　예 용왕은 간을 두고 왔다는 토끼의 □□에 넘어갔다.

ㅈ	ㄲ

10-3 신문 어휘로 독해력 키우기

독해력과 어휘력을 키우는 가장 좋은 방법은 신문을 읽는 것입니다. 하지만 신문에는 평소 사용하지 않는 어려운 낱말들이 많아 이해하기 어렵습니다. 정치, 경제, 환경 등의 신문 기사에서 접할 수 있는 다양한 어휘를 익히고, 활용해 보겠습니다.

신문에 나오는 어휘 익히기

아래 설명과 예문을 읽고 알맞은 낱말을 찾아 쓰세요. 해당 낱말의 한자와 뜻을 통해 낱말을 좀 더 정확하게 익히세요.

용품	가량	대비	품목

01 ☐☐

앞으로 일어날지도 모르는 어떠한 일에 대응하기 위하여 미리 준비함.

예 사람들은 태풍 ☐☐에 힘을 쏟았다.

對 대하다	備 갖추다

02 ☐☐

물품의 이름을 쓴 목록.

예 시장에서 구매할 ☐☐을 미리 적어 두었다.

品 물건	目 눈

03 ☐☐

어떤 일이나 목적과 관련하여 쓰이는 물품.

예 애견인의 증가로 애견 ☐☐ 시장이 점점 커지고 있다.

用 쓰다	品 물건

04 ☐☐

어떤 일이나 수량을 얼마쯤이나 되리라고 짐작하는 말.

예 그 사람은 사십 세☐☐으로 보였다.

假 임시	量 헤아리다

소매 　 시세 　 도매

05

생산자나 도매상으로부터 물건을 사들여 직접 소비자에게 팖.

예 다른 상인에게 구입한 물건을 □□로 팔고 있다.

小 賣
작다 　 팔다

06

물건을 낱개로 사지 않고 여러 개를 한꺼번에 사는 것.

예 □□로 사면 싸지만, 대량으로 구매해야 한다.

都 買
도시 　 사다

07

현재의 물건값.

예 최근 서울 지역 아파트 □□가 점점 떨어지고 있다.

時 勢
때 　 형세

 알맞은 낱말 넣어 신문 기사 완성하기

앞에서 배운 어휘를 활용하여 다음 신문 기사를 완성하세요.

△△신문

20△△년 △월 창간 　　　　　 NEWSPAPER 　　　　　 경기도 꿈씨앗동 123-4567

김장철 앞두고 소비자 물가 들썩

한국물가협회가 김장철을 앞두고 전국 6대 도시의 전통 시장과 대형 마트를

대상으로 김장(　　　　) 15개 (　　　　　)의 가격을 조사한 결과, 올해 김장

비용이 작년 (　　　　　) 13% 안팎 오른 것으로 조사됐다. 김장 비용은 전통

시장이 대형 마트보다 20%(　　　　) 저렴했다.

10-4 한자 원리로 쉽게 배우기

大(크다 대)는 '人(사람 인)'에 '一(한 일)'이 더해진 한자로, 사람이 앞쪽을 향해 팔과 다리를 벌리고 서 있는 모습을 본떠 만들었습니다. '크다, 높다, 많다, 훌륭하다' 등의 뜻으로 쓰입니다.

大
크다 **대**

01

天 하늘 천

大 크다 대 + 一 한 일

大(크다 대) 위에 一(한 일)이 더해져, 사람 위에 있는 하늘을 뜻하는 天(하늘 천)이 됩니다.

天 하늘 천				

02

夫 지아비 부

大 크다 대 + 一 한 일

大(크다 대)에 짧은 一(한 일)이 더해져, 머리에 상투나 관을 쓴 남자(지아비)를 뜻하는 夫(지아비 부)가 됩니다.

夫 지아비 부				

03

太 크다 태

大 크다 대 + 、점 주

大(크다 대)에 、(점 주)가 더해져, 더 크다는 뜻의 太(크다 태)가 됩니다. 심하게 큰 경우에 사용하는 한자입니다.

太 크다 태				

실전 문제 다음 밑줄 친 **한자**를 **한글**로 바꿔 쓰세요.

01 레오나르도 다 빈치는 <u>天才</u> 미술가이자 과학자였다. (   )
　　선천적으로 타고난 남보다 훨씬 뛰어난 재주.

02 땀 흘려 농사짓는 <u>農夫</u>에 대한 고마움을 잊지 말자. (   )
　　농사짓는 일을 직업으로 하는 사람.

03 지구가 <u>太陽</u>을 일 년 주기로 돌기 때문에 사계절이 생긴다. (   )
　　태양계의 중심에 있으며 온도가 매우 높고 스스로 빛을 내는 항성.

한자 익히고 활용하기

다음 내용을 읽고 아래에 있는 한자와 '大(대)'를 조합하여 알맞은 한글과 한자를 쓰세요.

會	陸	賞	門
모이다 회	육지 륙	상주다 상	문 문

01 지구에는 다섯 개의 대양과 여섯 개의 ☐☐ 이 있다.
바다로 둘러싸인 지구상의 커다란 육지.

☐☐ 한글 ──→ 한자 ☐☐

02 늦은 밤 누군가가 ☐☐ 을 세게 두드렸다.
집 바깥으로 통하게 하기 위해 만든 커다란 문.

☐☐ 한글 ──→ 한자 ☐☐

03 하서는 과학 발명 대회에서 ☐☐ 을 수상했다.
여러 가지 상 가운데 가장 큰 상.

☐☐ 한글 ──→ 한자 ☐☐

04 전국 어린이 글짓기 ☐☐ 에서 금상을 받았다.
많은 사람이 일정한 때에 일정한 자리에 모여 행하는 행사.

☐☐ 한글 ──→ 한자 ☐☐

10-5 사자성어로 배우는 삶의 지혜

사자성어는 어떤 상황이나 사람의 마음을 빗대어 표현한 것으로, 일상생활이나 글에 많이 사용됩니다. 다음 사자성어의 설명을 읽고, 각각의 한자와 뜻, 음을 따라 쓰면서 익히세요.

01 느끼는 감동을 헤아릴 수 없다는 뜻입니다. 여기서 '무(無)'는 헤아릴 수 없을 만큼 크다는 의미로, 아주 큰 감동을 하였을 때 쓰는 사자성어입니다.

감	개	무	량
感	慨	無	量
느끼다	슬퍼하다	없다	헤아리다

02 하늘은 높고 말은 살찐다는 뜻입니다. 계절 중에서 하늘이 맑고 높으며, 먹을 것이 풍부한 계절인 가을철을 이르는 사자성어입니다.

천	고	마	비
天	高	馬	肥
하늘	높다	말	살찌다

연습하기 다음 사자성어의 한자와 뜻을 따라 쓰고 한글로 쓰세요.

感	慨	無	量
느끼다	슬퍼하다	없다	헤아리다

天	高	馬	肥
하늘	높다	말	살찌다

03 푸른색이 나온 쪽보다 더 푸르다는 뜻
입니다. 푸른색을 만드는 식물인 '쪽'
의 색보다 거기에서 뽑아낸 푸른색이
훨씬 푸르다는 의미로, 스승보다 제자
가 더 뛰어난 경우에 사용합니다.

청	출	어	람
靑	出	於	藍
푸르다	나오다	~에서	쪽

※'於(어)'는 '~부터, ~에서'를 의미하는 조사입니다.

04 남을 불쌍하게 여기는 타고난 착한 마
음을 뜻합니다. 다른 사람의 고통과
불행을 가엾게 여기는 인간의 본성을
의미하는 사자성어입니다.

측	은	지	심
惻	隱	之	心
슬퍼하다	근심하다	~의	마음

연습하기 다음 사자성어의 한자와 뜻을 따라 쓰고 한글로 쓰세요.

靑	出	於	藍		惻	隱	之	心
푸르다	나오다	~에서	쪽		슬퍼하다	근심하다	~의	마음

실전 문제 다음 내용을 읽고 알맞은 사자성어를 쓰세요.

01 ⬜⬜⬜⬜ 이라더니, 너의 그림이 선생인 나의 그림보다 낫구나.

02 가을은 ⬜⬜⬜⬜ 의 계절이라 모든 것이 풍요롭다.

03 꿈에 그리던 고향에 오니 모든 것이 ⬜⬜⬜⬜ 했다.

10-6 '사동 표현'과 '피동 표현' 이해하기

 주동 표현과 사동 표현 익히기

'주동'은 한자로 '主(주인 주), 動(움직이다 동)'으로 주어가 직접 행동하는 것을 말합니다. 반면 '사동'은 '使(시키다 사), 動(움직이다 동)'으로 주어가 다른 대상으로 하여금 어떤 행동을 하도록 시키는 것을 의미합니다.

아이가 밥을 <u>먹다</u>.	엄마가 아이에게 밥을 <u>먹이다</u>.
〈주동 표현〉	〈사동 표현〉

예를 들어 '아이가 밥을 먹다.'는 '아이가'라는 주어가 직접 '먹다'라는 행동을 하므로 '주동 표현'이 됩니다. '엄마가 아이에게 밥을 먹이다.'는 '엄마가'라는 주어가 아이로 하여금 밥을 먹게 시키는 것이므로 '사동 표현'이 됩니다.

 사동 표현 만드는 방법

사동 표현은 동사에 '-이-, -히-, -리-, -기-, -우-, -구-, -추-' 등을 붙여 만듭니다. 예를 들어 '먹다'의 사동 표현은 '먹이다'이고, '입다'의 사동 표현은 '입히다'입니다. 또는 '화해시키다, 진정시키다'와 같이 '-시키다'를 붙여 사동 표현을 만들 수 있습니다.

주동	사동
먹다	먹이다
입다	01 ( )
자다	02 ( )
놀다	03 ( )

능동 표현과 피동 표현 익히기

주어가 자신의 힘으로 어떤 동작을 하는 것은 '능동'이고, 남에 의해 어떤 동작을 당하는 것은 '피동'이라고 합니다.

고양이가 생쥐를 **잡았다.**
〈능동 표현〉

생쥐가 고양이에게 **잡혔다.**
〈피동 표현〉

예를 들어 '고양이가 생쥐를 잡았다.'는 '고양이가'라는 주어가 잡는 행동을 했으므로 '능동 표현'이 됩니다. 반면 '생쥐가 고양이에게 잡혔다.'는 '생쥐가'라는 주어가 잡힌 것이므로 '피동 표현'이 됩니다. 능동 표현과 피동 표현은 형태만 다를 뿐 뜻은 같습니다.

 피동 표현 만드는 방법

피동 표현은 동사에 '-이-, -히-, -리-, -기-'등을 붙여 만듭니다. 예를 들어, '물건을 팔다.'를 '물건이 팔리다.'와 같이 피동 표현으로 바꿀 수 있습니다.
또한 동사에 '-어지다'를 붙여 피동 표현을 만들 수 있습니다. 예를 들어 '인형을 만들다'를 '인형이 만들어지다'와 같이 피동 표현으로 만들 수 있습니다.

실전 문제 밑줄 친 능동 표현을 피동 표현으로 바꿔 쓰세요.

01 아이들이 책상 위에 블록을 <u>쌓았다</u>.

▶▶ 책상 위에 블록이 ☐☐☐ .

02 버스 안에서 어떤 여자가 구두로 발을 <u>밟았다</u>.

▶▶ 버스 안에서 어떤 여자의 구두에 발이 ☐☐☐ .

03 현주가 새 신발을 <u>신었다</u>.

▶▶ 엄마가 현주에게 새 신발을 ☐☐☐ .

04 아이들이 그 이야기를 <u>알았다</u>.

▶▶ 선생님이 아이들에게 그 이야기를 ☐☐☐ .

memo

Foreign Copyright:
Joonwon Lee   Mobile: 82-10-4624-6629

Address: 3F, 127, Yanghwa-ro, Mapo-gu, Seoul, Republic of Korea
            3rd Floor
Telephone: 82-2-3142-4151
E-mail: jwlee@cyber.co.kr

매일 스스로 공부하는
맞춤법 어휘력 5단계

2019. 3. 12. 1판 1쇄 발행
2024. 3. 6. 1판 4쇄 발행

지은이 │ 꿈씨앗연구소
펴낸이 │ 이종춘
펴낸곳 │ BM ㈜도서출판 성안당
주소 │ 04032 서울시 마포구 양화로 127 첨단빌딩 3층(출판기획 R&D 센터)
       │ 10881 경기도 파주시 문발로 112 파주 출판 문화도시(제작 및 물류)
전화 │ 02) 3142-0036
      │ 031) 950-6300
팩스 │ 031) 955-0510
등록 │ 1973. 2. 1. 제406-2005-000046호
출판사 홈페이지 │ www.cyber.co.kr
ISBN │ 978-89-315-9009-8 (64710)
정가 │ **13,000원**

이 책을 만든 사람들
책임 │ 최옥현
기획 · 진행 │ 전수경, 정지현
표지 · 본문 디자인 │ 상:想 company, 박원석
홍보 │ 김계향, 유미나, 정단비, 김주승
국제부 │ 이선민, 조혜란
마케팅 │ 구본철, 차정욱, 오영일, 나진호, 강호묵
마케팅 지원 │ 장상범
제작 │ 김유석

■ 도서 A/S 안내

성안당에서 발행하는 모든 도서는 저자와 출판사, 그리고 독자가 함께 만들어 나갑니다.
좋은 책을 펴내기 위해 많은 노력을 기울이고 있습니다. 혹시라도 내용상의 오류나 오탈자 등이
발견되면 "좋은 책은 나라의 보배"로서 우리 모두가 함께 만들어 간다는 마음으로 연락주시기
바랍니다. 수정 보완하여 더 나은 책이 되도록 최선을 다하겠습니다.
성안당은 늘 독자 여러분들의 소중한 의견을 기다리고 있습니다. 좋은 의견을 보내주시는 분께는
성안당 쇼핑몰의 포인트(3,000포인트)를 적립해 드립니다.

잘못 만들어진 책이나 부록 등이 파손된 경우에는 교환해 드립니다.

매일 스스로 공부하는

맞춤법 어휘력

5단계
초등 5학년 ~
예비 중학생

정답 및 해설

BM (주)도서출판 성안당

맞춤법 어휘력

5단계

초등 5학년~
예비 중학생

BM (주)도서출판 **성안당**

정답 및 해설

1-1 풍부한 표현을 위한 고유어 익히기

* 고유어 익히고 활용하기 1

01. 고비　　　　　02. 고삘

03. 곤지　　　　　04. 깍지

* 고유어 익히고 활용하기 2

01. 어림　　　　　02. 어안

03. 속바람　　　　04. 속셈

* 고유어 익히고 활용하기 3

01. 시나브로　　　02. 속속들이

03. 시시콜콜　　　04. 시름시름

* 실전 문제

01. 고비　　　　　02. 어안

03. 속셈　　　　　04. 깍지

05. 시나브로

1-2 어휘력 키우는 비슷한 말과 반대말

* 비슷한 말끼리 선 긋기 1

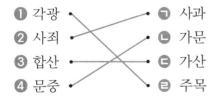

❶ 각광　　　　　㉠ 사과

❷ 사죄　　　　　㉡ 가문

❸ 합산　　　　　㉢ 가산

❹ 문중　　　　　㉣ 주목

* 비슷한 말끼리 선 긋기 2

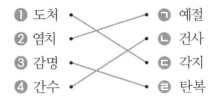

❶ 도처　　　　　㉠ 예절

❷ 염치　　　　　㉡ 건사

❸ 감명　　　　　㉢ 각지

❹ 간수　　　　　㉣ 탄복

* 초성 퀴즈 1

01. 우량아　　　　02. 좌우명

03. 더듬이　　　　04. 정수리

* 반대말끼리 선 긋기 1

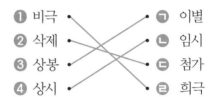

❶ 비극　　　　　㉠ 이별

❷ 삭제　　　　　㉡ 임시

❸ 상봉　　　　　㉢ 첨가

❹ 상시　　　　　㉣ 희극

* 반대말끼리 선 긋기 2

❶ 불치　　　　　㉠ 참석

❷ 빈곤　　　　　㉡ 호황

❸ 불참　　　　　㉢ 풍요

❹ 불황　　　　　㉣ 완치

* 초성 퀴즈 2

01. 새치기　　02. 황무지　　03. 바늘귀

04. 박제　　　05. 신기루

1-3 신문 어휘로 독해력 키우기

* 신문에 나오는 어휘 익히기

01. 청탁　　　02. 기소　　　03. 선고

04. 판례　　　05. 피의자　　06. 참고인

07. 피해자

* 알맞은 낱말 넣어 신문 기사 완성하기

검찰 ▲▲▲ 기소에 자신감 보여

▲▲▲의 (기소)를 앞둔 검찰이 2011년 ☆☆ 사건 (판례)에 주목하고 있다. 검찰은 당시 경찰에게 수사 중단을 (청탁)한 ▲▲▲에게 징역 1년을 선고했다. 한편 검찰은 당시 사무원을 (참고인) 신분으로 소환했다.

1-5 사자성어로 배우는 삶의 지혜

* 실전 문제

01. 감언이설

02 동병상련

03. 결자해지

1-6 부정문 구분하여 사용하기

* 실전 문제

01. 못   02. 안
03. 안   04. 못

해설

01. 다리를 다쳐 운동을 할 수 없는 상황이므로 '못 갔다'가 맞습니다.

02. 자신의 의지로 운동을 쉰 것이기 때문에 '안 갔다'가 맞습니다.

03. 자신의 의지로 사지 않은 것이므로 '안 샀다'가 맞습니다.

04. 과자가 없는 상황이었기 때문에 '못 샀다'가 맞습니다.

2단원   26~37쪽

2-1 풍부한 표현을 위한 고유어 익히기

* 고유어 익히고 활용하기 1

01. 눈가늠   02. 눈가림
03. 눈시울   04. 눈썰미

* 고유어 익히고 활용하기 2

01. 에누리   02. 씀씀이
03. 삿대질   04. 짬짜미

* 고유어 익히고 활용하기 3

01. 허투루   02. 휘영청
03. 자못   04. 짐짓

* 실전 문제

01. 눈가림   02. 눈시울
03. 에누리   04. 씀씀이
05. 허투루

2-2 어휘력 키우는 비슷한 말과 반대말

* 비슷한 말끼리 선 긋기 1

❶ 추산하다 •   • ㉠ 무모하다
❷ 터무니없다 •   • ㉡ 애잔하다
❸ 가로채다 •   • ㉢ 갈취하다
❹ 애처롭다 •   • ㉣ 어림잡다

* 비슷한 말끼리 선 긋기 2

❶ 처연하다 •   • ㉠ 그지없다
❷ 가없다 •   • ㉡ 처량하다
❸ 각박하다 •   • ㉢ 참혹하다
❹ 가혹하다 •   • ㉣ 야박하다

* 초성 퀴즈 1

01. 쌀뜨물   02. 반나절

03. 심호흡   04. 쌍안경

* 반대말끼리 선 긋기 1

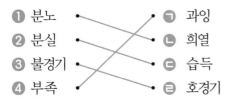

❶ 분노   ㉠ 과잉
❷ 분실   ㉡ 희열
❸ 불경기   ㉢ 습득
❹ 부족   ㉣ 호경기

* 반대말끼리 선 긋기 2

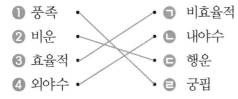

❶ 풍족   ㉠ 비효율적
❷ 비운   ㉡ 내야수
❸ 효율적   ㉢ 행운
❹ 외야수   ㉣ 궁핍

* 초성 퀴즈 2

01. 쓰레받기   02. 박람회

03. 신화   04. 노을

05. 선거

2-3 신문 어휘로 독해력 키우기

* 신문에 나오는 어휘 익히기

01. 해소   02. 정체

03. 축적   04. 원활

05. 농도   06. 내륙

07. 예측

* 알맞은 낱말 넣어 신문 기사 완성하기

고농도 초미세먼지 비상

서해상에 고기압이 자리잡으면서 대기 (정체)가 발생해 국내 오염 물질이 (축적)되고, 외부에서 들어온 미세먼지까지 더해져 초미세먼지 (농도)가 높아졌다. 8일 전국적으로 많은 비가 내리면서 오염 물질이 씻겨 나가고, 대기 확산이 (원활)해져서 고농도 미세먼지 현상은 (해소)될 것으로 전망됐다.

2-5 사자성어로 배우는 삶의 지혜

* 실전 문제

01. 고진감래

02. 구사일생

03. 군계일학

2-6 '되'와 '돼' 구분하여 사용하기

* 실전 문제

01. ○   02. 안 되니

03. ○   04. 되면

05. 안 돼   06. ○

07. 안 돼   08. 되어야

> **해설**
>
> 01. '잘되어서'로 바꿔도 자연스러우므로 '잘돼서'가 맞습니다.
>
> 02. '안 되어니'로 바꾸면 어색하므로 '안 되니'가 맞습니다.
>
> 03. '되어서야'로 바꿀 수 있으므로 '돼서야'가 맞습니다.
>
> 07. 문장 끝에는 '돼'만 올 수 있습니다.

3단원 38~49쪽

3-1 풍부한 표현을 위한 고유어 익히기

* 고유어 익히고 활용하기 1

01. 쪽잠　　　　02. 칼잠
03. 풋잠　　　　04. 잠투정

* 고유어 익히고 활용하기 2

01. 물마루　　　02. 물보라
02. 물살　　　　04. 물장구

* 고유어 익히고 활용하기 3

01. 미주알고주알　02. 사부작사부작
03. 곧이　　　　　03. 곧추

* 실전 문제

01. 잠투정　　　02. 물보라
03. 쪽잠　　　　04. 물살
05. 미주알고주알

3-2 어휘력 키우는 비슷한 말과 반대말

* 비슷한 말끼리 선 긋기 1

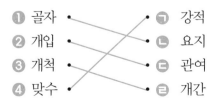

❶ 곱절
❷ 목표
❸ 감회
❹ 압제

㉠ 감정
㉡ 갑절
㉢ 강령
㉣ 억압

* 비슷한 말끼리 선 긋기 2

❶ 골자
❷ 개입
❸ 개척
❹ 맞수

㉠ 강적
㉡ 요지
㉢ 관여
㉣ 개간

* 초성 퀴즈 1

01. 불면증　　　02. 불사조
03. 설빔　　　　04. 성수기

* 반대말끼리 선 긋기 1

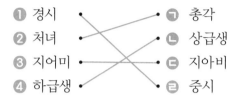

❶ 경시
❷ 처녀
❸ 지어미
❹ 하급생

㉠ 총각
㉡ 상급생
㉢ 지아비
㉣ 중시

* 반대말끼리 선 긋기 2

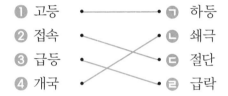

❶ 고등
❷ 접속
❸ 급등
❹ 개국

㉠ 하등
㉡ 쇄극
㉢ 절단
㉣ 급락

* 초성 퀴즈 2

01. 성우　　　　02. 속기사
03. 성충　　　　04. 설계도
05. 분갈이

3-3 신문 어휘로 독해력 키우기

* 신문에 나오는 어휘 익히기

01. 산행　　　　02. 체감
03. 관측　　　　04. 탈진
05. 평년　　　　06. 영하
07. 영상

* 알맞은 낱말 넣어 신문 기사 완성하기

설악산에 올해 '첫얼음'

설악산에서 올가을 첫얼음이 (관측)됐다. 당시 설악산 중청대피소의 최저기온은 영하 3도, (체감) 온도는 영하 9도였다. 관계자는 "고지대의 기온이 크게 떨어진 만큼 (산행)을 할 때 (탈진)과 저체온증을 예방하는 데 각별히 신경 써야 한다."고 말했다.

3-4 한자 원리로 쉽게 배우기

* 실전 문제
01. 설명서
02. 작년
03. 명암

> **해설**
> 01. 설명서 : 說(말씀 설) + 明(밝다 명) + 書(글 서)
> 02. 작년 : 昨(어제 작) + 年(해 년)
> 03. 명암 : 明(밝다 명) + 暗(어둡다 암)

* 한자 익히고 활용하기

01. | 일 | 기 | → | 日 | 記 |

02. | 일 | 출 | → | 日 | 出 |

03. | 일 | 몰 | → | 日 | 沒 |

04. | 일 | 과 | → | 日 | 課 |

3-5 사자성어로 배우는 삶의 지혜

* 실전 문제
01. 대기만성
02. 금상첨화
03. 권선징악

3-6 '안'과 '않' 구분하여 사용하기

* 실전 문제

01. ○	02. ○
03. ○	04. 않겠다고
05. 안 했더니	06. 않다는
07. 안됐다	08. ○

> **해설**
> 01. '않다는 듯이'를 '아니하다는 듯이'로 바꿔도 자연스러우므로 맞는 문장입니다.
> 02. '안 합니다'를 '아니 합니다'로 바꿀 수 있으므로 '안'이 맞습니다.
> 04. '가지 아니하겠다고'로 바꿀 수 있으므로 '않겠다고'가 맞습니다.
> 05. '아니 했더니'로 바꿀 수 있으므로 '안 했더니'가 맞습니다.
> 07. '안되다'라는 형용사이므로 '안됐다'가 맞습니다.

4단원   50~61쪽

4-1 풍부한 표현을 위한 고유어 익히기

＊ 고유어 익히고 활용하기 1

01. 손대중   02. 손때
03. 손사래   04. 손놀림

＊ 고유어 익히고 활용하기 2

01. 선웃음   02. 선하품
03. 선발   04. 선떡

＊ 고유어 익히고 활용하기 3

01. 소복소복   02. 설렁설렁
03. 긴가민가   04. 곰비임비

＊ 실전 문제

01. 손놀림   02. 손사래
03. 선발   04. 선떡
05. 곰비임비

4-2 어휘력 키우는 비슷한 말과 반대말

＊ 비슷한 말끼리 선 긋기 1

❶ 아니꼽다 — ㉢ 방해되다
❷ 경쟁하다 — ㉠ 주제넘다
❸ 거리끼다 — ㉢ 특별하다
❹ 각별하다 — ㉣ 각축하다

（❶-ㄴ, ❷-ㄹ, ❸-ㄱ, ❹-ㄷ）

＊ 비슷한 말끼리 선 긋기 2

❶ 개괄하다 — ㉠ 부탁하다
❷ 방자하다 — ㉡ 간추리다
❸ 간청하다 — ㉢ 교만하다
❹ 능통하다 — ㉣ 거침없다

（❶-ㄴ, ❷-ㄷ, ❸-ㄱ, ❹-ㄹ）

＊ 초성 퀴즈 1

01. 분장   02. 소화전
03. 부업   04. 앙숙

＊ 반대말끼리 선 긋기 1

❶ 균등 — ㉢ 수입품
❷ 극락 — ㉡ 실천
❸ 국산품 — ㉢ 차등
❹ 이론 — ㉣ 지옥

（❶-ㄷ, ❷-ㄹ, ❸-ㄱ, ❹-ㄴ）

＊ 반대말끼리 선 긋기 2

❶ 식목 — ㉠ 패전
❷ 수평선 — ㉡ 벌목
❸ 숭고 — ㉢ 지평선
❹ 승전 — ㉣ 저속

（❶-ㄴ, ❷-ㄷ, ❸-ㄹ, ❹-ㄱ）

＊ 초성 퀴즈 2

01. 악보   02. 발효
03. 악명   04. 악역
05. 반환

4-3 신문 어휘로 독해력 키우기

＊ 신문에 나오는 어휘 익히기

01. 산지   02. 호우
03. 강수량   04. 발효
05. 돌풍   06. 동반
07. 지형

강원도 일부 '호우주의보' 발효

강원 북부 산지와 동해안 일부 지역에 (호우)주의보가 (발효)됐다. 9일 오전 6시 현재 속초 65mm, 양양 30mm, 춘천 15mm의 (강수량)을 기록했다. 이 지역을 중심으로 내일 밤까지 20~50mm가 더 내릴 것으로 보인다. 높은 (산지)의 경우 안개가 짙게 끼는 곳도 있겠다.

4-4 한자 원리로 쉽게 배우기

* 실전 문제

01. 영구적
02. 빙하
03. 주사

> **해설**
> 01. 영구적 : 永(길다 영)+久(오래다 구)
>   +的(과녁 적)
> 02. 빙하 : 氷(얼음 빙)+河(물 하)
> 03. 주사 : 注(붓다 주)+射(쏘다 사)

* 한자 익히고 활용하기

01.	수	분	→	水 分
02.	수	생	→	水 生
03.	수	산	물	→ 水 産 物
04.	수	증	기	→ 水 蒸 氣

4-5 사자성어로 배우는 삶의 지혜

* 실전 문제

01. 살신성인
02. 설상가상
03. 타산지석

4-6 문장을 구성하는 문장 성분

* 실전 문제 1

01. 오늘부터 (축제가) 시작된다.
02. 밤새 (비바람이) 세차게 불었다.
03. 일어서지 못할 정도로 (다리가) 아팠다.

> **해설**
> 01. 서술어인 '시작된다'의 주체인 '축제가' 주어입니다.
> 02. '불었다'의 주체인 '비바람이' 주어입니다.
> 03. '아팠다'의 주체인 '다리가' 주어입니다.

* 실전 문제 2

01. 밤사이 눈이 많이 (내렸다)
02. 나의 장래 희망은 (생명공학자이다)
03. 내 동생은 (개구쟁이다)

> **해설**
> 01. '어찌하다'에 해당하는 '내렸다'가 서술어입니다.
> 02. 03. '무엇이다'에 해당하는 '생명공학자이다'와 '개구쟁이다'가 서술어입니다.

5단원   62~73쪽

5-1 풍부한 표현을 위한 고유어 익히기

∗ 고유어 익히고 활용하기 1

01. 푸성귀   02. 주전부리
03. 고두밥   04. 소나기밥

∗ 고유어 익히고 활용하기 2

01. 매무시   02. 맵시
03. 허우대   04. 바지춤

∗ 고유어 익히고 활용하기 3

01. 불현듯이   02. 서슴서슴
03. 새록새록   04. 소록소록

∗ 실전 문제

01. 푸성귀   02. 고두밥
03. 허우대   04. 바지춤
05. 불현듯이

5-2 어휘력 키우는 비슷한 말과 반대말

∗ 비슷한 말끼리 선 긋기 1

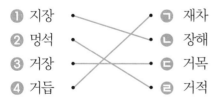

❶ 지장   ㉠ 재차
❷ 멍석   ㉡ 장해
❸ 거장   ㉢ 거목
❹ 거듭   ㉣ 거적

∗ 비슷한 말끼리 선 긋기 2

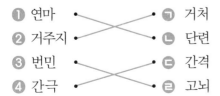

❶ 연마   ㉠ 거처
❷ 거주지   ㉡ 단련
❸ 번민   ㉢ 간격
❹ 간극   ㉣ 고뇌

∗ 초성 퀴즈 1

01. 앞잡이   02. 방파제
03. 방역   04. 무력

∗ 반대말끼리 선 긋기 1

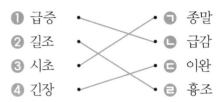

❶ 급증   ㉠ 종말
❷ 길조   ㉡ 급감
❸ 시초   ㉢ 이완
❹ 긴장   ㉣ 흉조

∗ 반대말끼리 선 긋기 2

❶ 모욕   ㉠ 영예
❷ 기상   ㉡ 취침
❸ 고의적   ㉢ 비보
❹ 희소식   ㉣ 우발적

∗ 초성 퀴즈 2

01. 벌목   02. 사공
03. 방부제   04. 악동
05. 방아쇠

5-3 신문 어휘로 독해력 키우기

∗ 신문에 나오는 어휘 익히기

01. 호소   02. 처우
02. 명시   04. 진상
05. 폭로   06. 교체
07. 신뢰

A팀 사태 '특별 감사팀' 구성

A팀이 지도자들에게 부당한 (처우)를 받았다고 (호소)한 것과 관련해 특별 감사가 이루어진다. 경기도는 감사관, 외부 인사 등이 참여한 특별 감사팀을 꾸려 (진상) 조사에 나서기로 했다고 밝혔다. 경기도는 해당 협회 관계자들을 상대로 탄원서에 (명시)된 내용 등을 살펴 협회 운영 전반에 대한 문제점을 파악하기로 했다.

5-4 한자 원리로 쉽게 배우기

* 실전 문제
01. 신선
02. 출구
03. 굴복

> **해설**
> 01. 신선 : 神(귀신 신) + 仙(신선 선)
> 02. 출구 : 出(나가다 출) + 口(입 구)
> 03. 굴복 : 屈(굽히다 굴) + 服(옷 복)

* **한자 익히고 활용하기**

01. | 산 | 맥 | ⟶ | 山 | 脈 |

02. | 산 | 소 | ⟶ | 山 | 所 |

03. | 광 | 산 | ⟶ | 鑛 | 山 |

04. | 빙 | 산 | ⟶ | 氷 | 山 |

5-5 사자성어로 배우는 삶의 지혜

* 실전 문제
01. 어부지리
02. 설왕설래
03. 속수무책

5-6 문장의 주성분인 '목적어'와 '보어'

* 실전 문제 1
01. 누렁이가 새끼를 낳았다.
02. 우리가 운동장에 쌓여 있는 쓰레기를 치웠다.
03. 아버지께서 맛있는 피자를 사 오셨다.

> **해설**
> 01. 동작의 대상인 '무엇을'에 해당하는 '새끼를'이 목적어입니다.
> 02. 서술어인 '치웠다'의 대상인 '쓰레기를'이 목적어입니다.
> 03. 서술어 '사 오셨다'의 대상인 '피자를'이 목적어입니다.

* 실전 문제 2
01. 나는 선생님이 아니다.
02. 언니는 곧 중학생이 된다.
03. 이곳은 앞으로 박물관이 될 것이다.

> **해설**
> 01. '아니다'의 대상인 '선생님이' 보어입니다.
> 02. '된다'의 대상인 '중학생이' 보어입니다.
> 03. '될 것이다'의 대상인 '박물관이' 보어입니다.

6단원 74~85쪽

6-1 풍부한 표현을 위한 고유어 익히기

＊ 고유어 익히고 활용하기 1

01. 자투리　　　02. 삯바느질
03. 쌈지　　　　04. 오지랖

＊ 고유어 익히고 활용하기 2

01. 오금　　　　02. 장딴지
03. 명치　　　　04. 복사뼈

＊ 고유어 익히고 활용하기 3

01. 깜냥깜냥　　02. 깨작깨작
03. 꾸역꾸역　　04. 노닥노닥

＊ 실전 문제

01. 자투리　　　02. 오지랖
03. 오금　　　　04. 명치
05. 깨작깨작

6-2 어휘력 키우는 비슷한 말과 반대말

＊ 비슷한 말끼리 선 긋기 1

❶ 곯다 ──── ㉠ 토하다
❷ 게우다 ── ㉡ 상하다
❸ 관대하다 ─ ㉢ 맴돌다
❹ 감돌다 ── ㉣ 인자하다

＊ 비슷한 말끼리 선 긋기 2

❶ 관망하다 ─ ㉠ 우직하다
❷ 구호하다 ─ ㉡ 주시하다
❸ 감당하다 ─ ㉢ 처리하다
❹ 고지식하다 ─ ㉣ 구제하다

＊ 초성 퀴즈 1

01. 일식　　　　02. 앙갚음
03. 부작용　　　04. 붙박이

＊ 반대말끼리 선 긋기 1

❶ 무궁하다 ─ ㉠ 예리하다
❷ 무디다 ── ㉡ 마땅하다
❸ 한갓지다 ─ ㉢ 유한하다
❹ 마땅찮다 ─ ㉣ 번잡하다

＊ 반대말끼리 선 긋기 2

❶ 무식한 ── ㉠ 확연한
❷ 모호한 ── ㉡ 박식한
❸ 허비하다 ─ ㉢ 명랑하다
❹ 침울하다 ─ ㉣ 절약하다

＊ 초성 퀴즈 2

01. 비상구　　　02. 상비약
03. 벽화　　　　04. 산림욕(삼림욕)
05. 산유국

6-3 신문 어휘로 독해력 키우기

＊ 신문에 나오는 어휘 익히기

01. 추진　　　　02. 간담회
03. 돌파구　　　04. 현안
05. 공로　　　　06. 창출
07. 진출

△△△ 해외 사업 재추진 결정

새 정부 들어 주춤거렸던 △△△ 해외 사업에 (돌파구)가 마련됐다. 경북도는 대통령이 △△△ 해외 사업을 계속하도록 지시함에 따라 국비 지원을 통해 사업을 지속해서 (추진)하겠다고 밝혔다. 경북도는 대통령이 지난 12일 열린 경북 경제인 (간담회)에서 지역 (현안)을 보고 받은 뒤 이같이 지시했다고 덧붙였다.

6-4 한자 원리로 쉽게 배우기

* 실전 문제

01. 신자

02. 연휴

03. 인자

> **해설**
>
> 01. 신자 : 信(믿다 신) + 者(사람 자)
> 02. 연휴 : 連(잇닿다 연) + 休(쉬다 휴)
> 03. 인자 : 仁(어질다 인) + 慈(사랑 자)

* 한자 익히고 활용하기

01. | 인 | 류 | ⟶ | 人 | 類 |

02. | 인 | 공 | ⟶ | 人 | 工 |

03. | 인 | 재 | ⟶ | 人 | 材 |

04. | 인 | 권 | ⟶ | 人 | 權 |

6-5 사자성어로 배우는 삶의 지혜

* 실전 문제

01. 용두사미

02. 외유내강

03. 역지사지

6-6 문장을 자세하게 만드는 부속 성분

* 실전 문제

01. 태현이는 도서관에서 (열심히) 공부한다.

02. 벚꽃은 (4월에) 핀다.

03. (아름다운) 풍경을 넋을 놓고 바라봤다.

04. (도현이의) 작품이 제일 멋지다.

05. (어이구) 삼십 분이나 늦었네.

06. (아빠) 일찍 오세요.

> **해설**
>
> 01. 부사어는 서술어를 꾸며 주는 역할을 하므로, '공부한다'를 꾸며 주는 '열심히'가 부사어입니다.
> 02. '핀다'를 꾸며 주는 '4월에'가 부사어입니다.
> 03. 관형어는 체언을 꾸며 주는 역할을 하므로, '풍경을' 꾸며 주는 '아름다운'이 관형어입니다.
> 04. '작품이'를 꾸며 주는 '도현이의'가 관형어입니다.

7-1 풍부한 표현을 위한 고유어 익히기

* 고유어 익히고 활용하기 1

01. 꽃샘   02. 단비
03. 억수   04. 여우볕

* 고유어 익히고 활용하기 2

01. 달그림자   02. 달무리
03. 해넘이   04. 먼동

* 고유어 익히고 활용하기 3

01. 결결이   02. 길길이
03. 곱다시   04. 한소끔

* 실전 문제

01. 단비   02. 달무리
03. 먼동   04. 한소끔
05. 길길이

7-2 어휘력 키우는 비슷한 말과 반대말

* 비슷한 말끼리 선 긋기 1

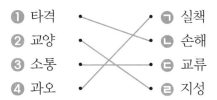

❶ 골격   ㉠ 밀고
❷ 공생   ㉡ 뼈대
❸ 의전   ㉢ 공존
❹ 고자질   ㉣ 의례

* 비슷한 말끼리 선 긋기 2

❶ 타격   ㉠ 실책
❷ 교양   ㉡ 손해
❸ 소통   ㉢ 교류
❹ 과오   ㉣ 지성

* 초성 퀴즈 1

01. 유산   02. 볍씨
03. 보자기   04. 봉화

* 반대말끼리 선 긋기 1

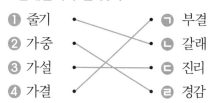

❶ 줄기   ㉠ 부결
❷ 가중   ㉡ 갈래
❸ 가설   ㉢ 진리
❹ 가결   ㉣ 경감

* 반대말끼리 선 긋기 2

❶ 산발적   ㉠ 유채색
❷ 무채색   ㉡ 지속적
❸ 수동성   ㉢ 이성적
❹ 감상적   ㉣ 자발성

* 초성 퀴즈 2

01. 부두   02. 샅바
03. 새순   04. 샛별
05. 서명

7-3 신문 어휘로 독해력 키우기

* 신문에 나오는 어휘 익히기

01. 도합   02. 대형
03. 전소   04. 역사상
05. 소각   06. 예방
07. 동참

* 알맞은 낱말 넣어 신문 기사 완성하기

> ## 미국 캘리포니아 대형 산불 비상
>
> 미국 캘리포니아 북부와 남부에 (대형) 산불이 발생했다. 대피한 주민의 숫자만 북 캘리포니아 5만여 명, 남 캘리포니아 25만여 명으로 (도합) 30만 명에 이른다. 이 산불은 캘리포니아 주 (역사상) 가장 많은 건물과 가옥을 (전소)시킨 산불로 기록됐다.

7-4 한자 원리로 쉽게 배우기

* 실전 문제

01. 자동
02. 남성
03. 가공

> **해설**
>
> 01. 자동 : 自(스스로 자) + 動(움직이다 동)
> 02. 남성 : 男(사내 남) + 性(성품 성)
> 03. 가공 : 加(더하다 가) + 工(장인 공)

* 한자 익히고 활용하기

01. 협 력 → 協 力
02. 매 력 → 魅 力
03. 능 력 → 能 力
04. 노 력 → 努 力

7-5 사자성어로 배우는 삶의 지혜

* 실전 문제

01. 일석이조
02. 이구동성
03. 인과응보

7-6 다양한 문장의 종류 이해하기

* 실전 문제 1

01. 우리는 눈이 오기를 기다렸다.
　(주) (주)(서)　　(서)

02. 뒷산에 해가 떠오르면, 닭들이 울어 댄다.
　(주)　(서)　（ 주)　　(서)

03. 형은 게임을 하고, 나는 책을 읽었다.
　(주)　　(서)(주)　　(서)

* 실전 문제 2

01. 안은문장
02. 안은문장
03. 이어진문장
04. 안은문장

> **해설**
>
> 01. '이것은 필통이다'라는 문장 안에 '희연이가 썼다'라는 문장이 안겨 있으므로, 안은문장입니다.
> 02. '사람들은 생각했다'라는 문장 안에 '그를 천사이다'라는 문장이 안겨 있으므로, 안은문장입니다.
> 03. 두 문장이 '~만'으로 연결된 이어진문장입니다.
> 04. '그녀는 기다렸다'라는 문장 안에 '소란이 멈추다'라는 문장이 안겨 있는 안은문장입니다.

8단원 98~109쪽

8-1 풍부한 표현을 위한 고유어 익히기

* 고유어 익히고 활용하기 1

01. 숫눈   02. 진눈깨비
03. 칼바람   04. 바람꽃

* 고유어 익히고 활용하기 2

01. 꽃보라   02. 흙살
03. 꼬투리   04. 개밥바라기

* 고유어 익히고 활용하기 3

01. 내광쓰광   02. 더듬더듬
03. 도란도란   04. 나붓나붓

* 실전 문제

01. 숫눈   02. 칼바람
03. 꽃보라   04. 꼬투리
05. 나붓나붓

8-2 어휘력 키우는 비슷한 말과 반대말

* 비슷한 말끼리 선 긋기 1

❶ 묵살하다   ㉠ 부끄럽다
❷ 뻗대다   ㉡ 무시하다
❸ 도란거리다   ㉢ 소곤거리다
❹ 송구하다   ㉣ 버티다

* 비슷한 말끼리 선 긋기 2

❶ 규정   ㉠ 역설
❷ 궤변   ㉡ 제약
❸ 근거지   ㉢ 낭설
❹ 헛소문   ㉣ 본거지

* 초성 퀴즈 1

01. 서예   02. 송곳
03. 해안선   04. 햅쌀

* 반대말끼리 선 긋기 1

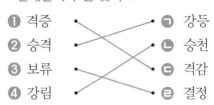

❶ 격증   ㉠ 강등
❷ 승격   ㉡ 승천
❸ 보류   ㉢ 격감
❹ 강림   ㉣ 결정

* 반대말끼리 선 긋기 2

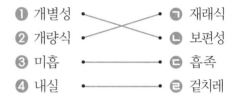

❶ 개별성   ㉠ 재래식
❷ 개량식   ㉡ 보편성
❸ 미흡   ㉢ 흡족
❹ 내실   ㉣ 겉치레

* 초성 퀴즈 2

01. 허물   02. 헛기침
03. 완주   04. 식수
05. 역전승

8-3 신문 어휘로 독해력 키우기

* 신문에 나오는 어휘 익히기

01. 시차   02. 반영
03. 하락세   04. 안정세
05. 대비   06. 물가
07. 동결

* 알맞은 낱말 넣어 신문 기사 완성하기

정부 유류세 인하 결정

정부의 유류세 인하 효과가 (시차)를 두고 주유소 판매 가격에 계속 (반영)되고 있다. 최근 국제 유가도 하락하면서 당분간 기름값은 (하락세)로 접어들 것으로 전망됐다. 국내 제품 가격도 국제 유가 하락 및 유류세 인하 효과로 (안정세)를 지속할 것으로 내다봤다.

8-4 한자 원리로 쉽게 배우기

* 실전 문제

01. 명예
02. 실토
03. 거부

> **해설**
>
> 01. 명예 : 名(이름 명) + 譽(기리다 예)
> 02. 실토 : 實(열매 실) + 吐(토하다 토)
> 03. 거부 : 拒(막다 거) + 否(아니다 부)

* 한자 익히고 활용하기

01. 입 구 ⟶ 入 口
02. 가 구 ⟶ 家 口
03. 인 구 ⟶ 人 口
04. 항 구 ⟶ 港 口

8-5 사자성어로 배우는 삶의 지혜

* 실전 문제

01. 적반하장
02. 일취월장
03. 조삼모사

8-6 문장 성분 사이의 호응

* 실전 문제 1

01. 열리고   02. 먹고
03. 크고   04. 보거나

* 실전 문제 2

01. 반드시   02. 만약
03. 왜냐하면   04. 결코
05. 비록

> **해설**
>
> 01. 부사어 '반드시'와 '~해야 한다.'가 맞는 호응입니다.
> 02. 부사어 '만약'과 '~한다면'이 맞는 호응입니다.
> 03. 부사어 '왜냐하면'과 '~때문이다'가 맞는 호응입니다.
> 04. 부사어 '결코'와 '~않다'가 맞는 호응입니다.
> 05. 부사어 '비록'과 '~지만'이 맞는 호응입니다.

9-1 풍부한 표현을 위한 고유어 익히기

* 고유어 익히고 활용하기 1
01. 나들목　　02. 노루목
03. 어귀　　　04. 어름

* 고유어 익히고 활용하기 2
01. 노둣돌　　02. 디딤돌
03. 누름돌　　04. 다릿돌

* 고유어 익히고 활용하기 3
01. 아기자기　02. 아닥치듯
03. 어두커니　04. 어름어름

* 실전 문제
01. 나들목　　02. 디딤돌
03. 어귀　　　04. 다릿돌
05. 아닥치듯

9-2 어휘력 키우는 비슷한 말과 반대말

* 비슷한 말끼리 선 긋기 1
❶ 값없다 · · ㉠ 무난하다
❷ 난감하다 · · ㉡ 느닷없다
❸ 용이하다 · · ㉢ 흔하다
❹ 갑작스럽다 · · ㉣ 난처하다

* 비슷한 말끼리 선 긋기 2
❶ 갈망하다 · · ㉠ 남루하다
❷ 남발하다 · · ㉡ 난발하다
❸ 감미롭다 · · ㉢ 달콤하다
❹ 너절하다 · · ㉣ 갈구하다

* 초성 퀴즈 1
01. 영재　　　　02. 외계인
03. 식중독　　　04. 활화산

* 반대말끼리 선 긋기 1
❶ 갑갑하다 · · ㉠ 전능하다
❷ 걸맞다 · · ㉡ 시원하다
❸ 강직하다 · · ㉢ 부적당하다
❹ 무능하다 · · ㉣ 교활하다

* 반대말끼리 선 긋기 2
❶ 공허하다 · · ㉠ 대단하다
❷ 도지다 · · ㉡ 알차다
❸ 하찮다 · · ㉢ 불우하다
❹ 다복하다 · · ㉣ 나아지다

* 초성 퀴즈 2
01. 연장전　02. 우등생　03. 식물원
04. 용의자　05. 식순

9-3 신문 어휘로 독해력 키우기

* 신문에 나오는 어휘 익히기
01. 배치　　02. 범위　　03. 도입
04. 전망　　05. 작전　　06. 주력
07. 영공

* 알맞은 낱말 넣어 신문 기사 완성하기

하늘에서 연료를 넣는 공중 급유기
우리나라 공군 사상 최초로 (도입)하는 공중 급유기 1호기가 12일 한국에 도착한다. 공중 급유기가 실전 (배치)될 경우 공군 전투기의 작전 시간과 작전 (범위) 등 작전 능력이 크게 향상될 (전망)이다.

9-4 한자 원리로 쉽게 배우기

* 실전 문제

01. 좌석　　　02. 매몰　　　03. 지역

* 한자 익히고 활용하기

01. 토 양 → 土 壤

02. 토 종 → 土 種

03. 토 기 → 土 器

04. 영 토 → 領 土

9-5 사자성어로 배우는 삶의 지혜

* 실전 문제

01. 진퇴양난
02. 주경야독
03. 죽마고우

9-6 문장의 시간 표현 호응

01. 우리는 (모레) 그 영화를 볼 거다.(볼 것이다.)
02. 효은이는 (어제) 책을 읽었다.
03. 지효는 (지금) 낮잠을 잔다.
04. (지난 여름)은 너무 더웠다.
05. (다음 주)에 볼 공연은 재미있을 것 같다.
06. (그저께) 우리 집 고양이가 새끼를 낳았다.
07. (다음 주)까지 비가 올 것으로 예상된다.
08. 민찬이는 (요즈음) 피아노를 배운다.
09. (먼 훗날) 이것의 진정한 가치를 인정받을 것이다.
10. 우리가 역에 도착했을 때 기차는 (이미) 출발했다.

10단원　　122~133쪽

10-1 풍부한 표현을 위한 고유어 익히기

* 고유어 익히고 활용하기 1

01. 저지레　　　02. 배냇짓
03. 모꼬지　　　04. 북새

* 고유어 익히고 활용하기 2

01. 쭉정이　　　02. 워낭
03. 여물　　　　04. 까치밥

* 고유어 익히고 활용하기 3

01. 오목조목　　02. 올망졸망
03. 자작자작　　04. 질금질금

* 실전 문제

01. 배냇짓　　　02. 북새
03. 쭉정이　　　04. 여물
05. 올망졸망

10-2 어휘력 키우는 비슷한 말과 반대말

* 비슷한 말끼리 선 긋기 1

❶ 고달프다　　　　　㉠ 묵중하다
❷ 고안하다　　　　　㉡ 고단하다
❸ 돋우다　　　　　　㉢ 창안하다
❹ 과묵하다　　　　　㉣ 북돋다

* 비슷한 말끼리 선 긋기 2

❶ 동나다　　　　　　㉠ 지루하다
❷ 막역하다　　　　　㉡ 고갈되다
❸ 매몰차다　　　　　㉢ 친하다
❹ 무료하다　　　　　㉣ 무정하다

10-4 한자 원리로 쉽게 배우기

* 실전 문제

01. 천재　　02. 농부　　03. 태양

해설

01. 천재 : 天(하늘 천) + 才(재주 재)
02. 농부 : 農(농사 농) + 夫(지아비 부)
03. 태양 : 太(크다 태) + 陽(볕 양)

* 한자 익히고 활용하기

01. 대 륙　→　大 陸

02. 대 문　→　大 門

03. 대 상　→　大 賞

04. 대 회　→　大 會

10-5 사자성어로 배우는 삶의 지혜

* 실전 문제

01. 청출어람

02. 천고마비

03. 감개무량

10-6 '사동 표현'과 '피동 표현' 이해하기

* 사동 표현 만드는 방법

01. 입히다　　02. 재우다　　03. 놀리다

* 실전 문제

01. 책상 위에 블록이 <u>쌓였다.</u>

02. 버스 안에서 어떤 여자의 구두에 발이 <u>밟혔다.</u>

03. 엄마가 현주에게 새 신발을 <u>신겼다.</u>

04. 선생님이 아이들에게 그 이야기를 <u>알렸다.</u>

---

* 초성 퀴즈 1

01. 송진　　　　02. 수산업

03. 장인　　　　04. 애송이

* 반대말끼리 선 긋기 1

❶ 괄괄하다 •　　　• ㉠ 연약하다

❷ 굼뜨다 •　　　• ㉡ 얌전하다

❸ 광활하다 •　　　• ㉢ 협소하다

❹ 견고하다 •　　　• ㉣ 재빠르다

* 반대말끼리 선 긋기 2

❶ 기발하다 •　　　• ㉠ 둔하다

❷ 거뜬하다 •　　　• ㉡ 범상하다

❸ 기민하다 •　　　• ㉢ 뻐근하다

❹ 냉랭하다 •　　　• ㉣ 온화하다

* 초성 퀴즈 2

01. 활시위　　02. 어촌　　03. 양식

04. 억측　　　05. 잔꾀

10-3 신문 어휘로 독해력 키우기

* 신문에 나오는 어휘 익히기

01. 대비　　02. 품목　　03. 용품

04. 가량　　05. 소매　　06. 도매

07. 시세

* 알맞은 낱말 넣어 신문 기사 완성하기

김장철 앞두고 소비자 물가 들썩

한국물가협회가 김장철을 앞두고 전국 6대 도시의 전통 시장과 대형 마트를 대상으로 김장(용품) 15개 (품목)의 가격을 조사한 결과, 올해 김장 비용이 작년 (대비) 13% 안팎 오른 것으로 조사됐다. 김장 비용은 전통 시장이 대형 마트보다 20%(가량) 저렴했다.

memo

매일 스스로 공부하는

맞춤법 어휘력

정답 및 해설

BM **Book Multimedia** Group

성안당은 선진화된 출판 및 영상교육 시스템을 구축하고
항상 연구하는 자세로 독자 앞에 다가갑니다.

매일 스스로 공부하는

맞춤법
어휘력